Eugen E. Hüsler

DIE SCHÖNSTEN

BERGWANDERUNGEN FÜR FRÜHAUFSTEHER

in den Bayerischen Voralpen und im Karwendel

Inhalt

Einführung 4
Morgenstund' 4
Die Bayerischen Voralpen 5
Bergwandern 8
Tipps für Frühaufsteher 9

Bergwanderungen für Frühaufsteher

1. **Durchs Murnauer Moos** 14
   Naturwunder am Alpenrand
2. **Der Wank (1780 m)** 18
   Großartige Aussicht vor der Zugspitze
3. **Über den Reitweg zum Herzogstand (1731 m)** 22
   Ein Gipfelklassiker – frühmorgens erlebt
4. **Zur Pleisenhütte (1757 m) im Westkarwendel** 26
   Aussichtsterrasse über Scharnitz
5. **Über den Zäunlkopf (1746 m)** 30
   Ein stiller Bergwinkel im Westen des Karwendels
6. **Von Jachenau auf den Jochberg (1565 m)** 34
   Seen, Wälder und Gipfel
7. **Aufs Brauneck (1555 m)** 38
   Morgenstille am Seilbahnberg
8. **Kleiner Ahornboden (1399 m) und Falkenhütte** 42
   Eine Herzkammer des Karwendels
9. **Durchs Laliderer Tal** 46
   Zu den berühmten Karwendel-Kletterwänden

Sonnenaufgang an der Rotwand (Tour 17). In der Bildmitte das Kaisergebirge.

Der Winter ist vorbei! Soldanellen am Wendelstein (Tour 19).

10	**Zur Lamsenjochhütte (1953 m)** .... 50 Karwendel-Herrlichkeit	19	**Bergesruh' am Wendelstein (1838 m)** .... 86 Bevor die erste Bahn fährt: eine Sonnenaufgangstour
11	**Zum Plumssattel (ca. 1660 m)** ..... 54 Herbsttour für Naturfreunde	20	**Auf das Hintere Sonnwendjoch (1986 m)** .... 90 Das »Dach« des Mangfallgebirges
12	**Rechelkopf (1330 m) und Sonntratn** .... 58 Kontraste über der Isar		
13	**Auf den Fockenstein (1564 m)** ..... 62 Ausguck zwischen Isarwinkel und Tegernsee		**Orts- und Sachregister** .... 94 **Impressum und Bildnachweis** 96
14	**Roß- und Buchstein (1701 m)** ..... 66 Zwillinge aus Stein		

- 15 **In der Früh' auf den Hirschberg (1668 m)** 70
  Ein Hausberg der Münchner
- 16 **Sonnenaufgang am Brecherspitz (1683 m)** 74
  Kurzer Weg zur schönen Aussicht
- 17 **Frühmorgens auf die Rotwand (1884 m)** 78
  Ein Klassiker
- 18 **Auf den Breitenstein (1622 m)** 82
  Wetterlaunen am Morgengipfel

Die Spritzkarspitze von der Drijaggenalm (Tour 10)

»Klein-Kairo« an der Isar im frühen Morgenlicht; am Horizont Brauneck und Benediktenwand

Einführung

Morgenstund' …

Früh aufstehen gehört zum Bergsteigen wie der Senf zur Wurst. Das wissen Skitourengeher genauso wie jene, die den hohen Alpengipfeln aufs Haupt steigen. Im Winter und Frühjahr zwingt der Schnee, der im Lauf des Tages seine »führigen« Eigenschaften verliert, den Bergsteiger früh aus den Federn, bei Drei- und Viertausendern ist es schlicht die Länge der Tour. Um den Jochberg oder die Rotwand zu besteigen, braucht niemand zum Frühaufsteher zu werden – da schaffen es auch passionierte Langschläfer, vor Einbruch der Dunkelheit wieder im Tal zu sein.

Doch darum geht's gar nicht. Es ist das Erlebnis, das uns verführt, in der stockdunklen Nacht loszugehen, nur mit dem Lichtlein unserer Stirnlampe, hinein in die Stille. Vielleicht spendet der Mond ein wenig Helligkeit, doch im Wald – und davon gibt es in den bayerischen Bergen sehr viel – bleibt's trotzdem dunkel. Unheimlich, denkt da vielleicht der eine oder die andere, aber richtige Räuber wie Bären oder Wölfe gibt es in unserer Gegend (noch?) keine. Begegnungen mit Tieren gehören aber trotzdem zu den Frühaufstehertouren. Am Waldrand kann man im frühen Dämmerlicht Hirsche entdecken, ein Hase hoppelt davon oder ein Reh wagt sich aus der Deckung. Der Fuchs ist auf der Pirsch, der Birkhahn lässt sein typisches Gurren hören, bevor er sich davonmacht. Menschen dagegen sind auf diesen dunklen Pfaden ganz selten. Lediglich bei einem Sonnenaufgang am Gipfel waren wir nicht die einzigen, die das Naturschauspiel erleben wollten. Doch das gehört zum Reiz dieser speziellen Art des Bergwanderns: Stille, Einsamkeit.

Und eine ganz neue Sicht auf die Natur, auf Wanderziele, die man vielleicht schon von so mancher Tagestour kennt. Was bei hohem Sonnenstand ausgeleuchtet wird wie ein Fernsehstudio, erscheint in der Dämmerung oder vor der noch ganz tief stehenden Sonne mystisch verklärt. Warme Farben und tiefe Schatten verleihen der Landschaft einen ganz besonderen Zauber. Die Zeit zwischen Nacht und Tag, wenn die Welt um uns erwacht, immer wieder, alle 24 Stunden, ist die Stunde der Fantasten, der Träumer. Du wanderst hinein in den Morgen, merkst plötzlich, wie die Stille um dich herum deine Sinne schärft. Ein Vogel pfeift, eben aufgewacht. Irgendwo im Unterholz raschelt es. Da kommt man als Wanderer der Natur ganz nahe. Was für ein Kontrast zum lauten, hektischen Alltag, in dem alles und jeder Aufmerksamkeit verlangt, tausend Dinge erledigt werden sollten, wir im Sitzen ermüden.

Es ist Mittag. Wir machen es uns auf dem Balkon gemütlich, genießen die Sonne und eine Brotzeit. Schön war's, denke ich, heute früh am Wendelstein. Sonnenaufgang über dem Chiemsee, Aussicht bis zum Großglockner – und ein paar Gämsen als einzige Gesellschaft. Es gibt, so scheint es mir, mindestens zwei Wanderwelten in den Bayerischen Alpen. Die geheimnisvolle hat ihren Auftritt ganz früh, wenn der Tag erst zu ahnen ist, das Leben ganz allmählich erwacht. Um sie kennenzulernen, muss man rechtzeitig aus den Federn, was vielleicht etwas Überwindung kostet. Aber es lohnt sich, ganz bestimmt!

Art natur: kunstvolles Gespinst

Die Bayerischen Voralpen

Wandern zwischen dem Wank (1780 m) und dem Wendelstein (1838 m), zwischen dem Murnauer Moos und der Eng heißt in der Regel: unterwegs sein nahe dem Alpenrand und damit dem flachen Land, aber auch schon mitten in den Bergen. Darin liegt der besondere Reiz dieses Tourengebietes, und das wissen die

Einführung

Steckbrief der Region

Fläche: ca. 2000 km²

Berggruppen: Estergebirge, Heimgarten, Benediktenwand, Vorkarwendel, Nordkarwendel, Mangfallgebirge (Tegernseer und Schlierseer Berge)

Wichtigste Flüsse: Loisach, Isar, Weißbach, Mangfall, Leitzach

Größte Seen: Kochelsee, Walchensee, Sylvensteinsee, Tegernsee, Schliersee

Höchster Punkt: Birkkarspitze (2743 m)

Tiefster Punkt: Flintsbach (Inntal, 478 m)

Wichtigste Ortschaften: Garmisch-Partenkirchen, Murnau, Kochel am See, Benediktbeuern, Bad Tölz, Lenggries, Bad Wiessee, Rottach-Egern, Tegernsee, Miesbach, Schliersee, Bayrischzell

Münchner natürlich, die vor allem an den Wochenenden für viel Betrieb sorgen rund um die freundlichen Voralpenseen, aber auch auf den schmalen Wegen, die zu den Aussichtsgipfeln führen.

Charakteristisch für die Bayerischen Voralpen sind ihre ausgedehnten Wälder, oft nur unterbrochen von den Rodungsinseln der Almen. Sie reichen mitunter bis in Gipfelnähe, was das Wild zu schätzen weiß, der auf freie Sicht bedachte Wanderer allerdings weniger.

Touristische Zentren der Region, die rund 2000 Quadratkilometer groß ist, sind Garmisch-Partenkirchen, Murnau, Kochel/Walchensee, Bad Tölz, Lenggries, der Tegernsee mit seinen Uferorten, Schliersee und Bayrischzell. Besonders reizvoll ist der Kontrast zwischen den sanft geformten, waldreichen Vorbergen und den schroffen Kalkzacken, die dahinter, sozusagen in der zweiten Reihe, wie Inseln aus dem Grün aufragen (Benediktenwand, Roß- und Buchstein, Wendelstein). Richtig alpin ist dann das Karwendel, wo die Frühaufstehertouren zu Tälern und zu prächtig gelegenen Hütten führen.

Kirchen und Klöster

Die Kirche spielte in Bayern schon immer eine große Rolle, doch hat sie den Menschen hier einen recht eigenwilligen Umgang mit den göttlichen Botschaften nicht ganz austreiben können. Wählen tut man die CSU, wenn's der Pfarrer sagt, aber g'heiratet wird erst nach dem zweiten Kind. So war's wenigstens damals, als die Kirche noch im Dorf war und die Politik am Stammtisch gemacht wurde.

Kirche und Politik standen sich früher noch näher, erst die Säkularisation im Jahr 1803 – eine Konsequenz der militärischen Erfolge Napoleons – brachte einen Bruch, bedeutete sie doch das Ende der weltlichen Kirchenmacht. Die Klöster wurden größtenteils aufgelöst, ihr Grundbesitz fiel an den Staat. Zwei der bedeutendsten, auch ältesten Klöster Bayerns liegen im Alpenvorland: Benediktbeuern und Tegernsee. Montgelas, Minister im Kabinett des Kurfürsten und späteren Königs Max IV. Joseph, der die Säkularisation durchführte, gilt heute als großer Modernisierer Bayerns.

Einst und jetzt

Wanderungen in den Bayerischen Alpen sind meistens mehr als nur Ausflüge in die Natur, sie führen auch zurück in die Vergangenheit, lassen immer wieder Geschichte lebendig werden. Wer heute auf einer bewirtschafteten Alm einkehrt, braucht nicht allzu viel Fantasie, um sich auszumalen, wie hart und einfach das bäuerliche Leben noch vor zwei, drei Generationen gewesen sein muss, ohne Zufahrt, ohne Elektrizität, ohne Maschinen. Was uns heute als Landschaftsidylle begegnet, war ein ständiger Kampf mit der Natur. Wie Bauern anno dazumal lebten, zeigen zwei Museen sehr anschaulich: das Freilichtmuseum Glentleiten bei Großweil (geöffnet Mitte März bis Mitte November Dienstag bis Sonntag 9–18 Uhr) und Markus Wasmeiers Bauernhofmuseum (siehe Tour 16).

Politik und Kultur

Streifzüge durch die bayerischen Berge bescheren auch immer wieder Begegnungen mit Persönlichkeiten der Geschichte. Daran, dass Maximilian II. vor gut 150 Jahren eine Sommerreise durch »seine« Alpen unternahm, von Lindau nach Berchtesgaden, erinnert heute ein beliebter Fernwanderweg (Maximiliansweg), von dem ein paar Etappen durch die Voralpen verlaufen. Um Murnau entstand nach der Wende vom 19. zum 20. Jahrhundert die Künstlervereinigung des Blauen Reiters, die sich dem Expressionismus verschrieben hatte, inspiriert und angeführt von Wassily Kandinsky und dem viel zu früh in Verdun gefallenen Franz Marc (siehe Tour 3). Der bekannte Stadtarchitekt Gabriel von Seidl hinterließ seine Spuren am Alpenrand, in Bad Tölz vor allem, aber auch in Murnau. Oskar von Miller, Mitbegründer des Deutschen Museums, leitete in den 1930er-Jahren den Bau des Walchensee-Kraftwerks, damals eines der größten weltweit. Auch Dichter ließen sich von der schönen Alpenwelt verführen. Ludwig Ganghofer zeichnete in seinen Romanen ein (stark geschöntes) Bild des bäuerlichen Lebens; Ludwig Thoma, der die ersten Jahre seines Lebens in Vorderriß verbrachte, zog später an den Tegernsee, wo er in Rottach-Egern – neben seinem Freund Ludwig Ganghofer – begraben liegt.

In Schliersee fand ein anderer berühmter Bayer seine letzte Ruhe: Georg Jennerwein, der legendäre Wilderer, dessen früher Tod ihn bald zu einer Symbolfigur werden ließ.

Die Tölzer Marktgasse

Einführung

Wandern macht durstig – auch frühmorgens

»Ein stolzer Schütz in seinen schönsten Jahren,
er wurde weggeputzt von dieser Erd,
man fand ihn erst am neunten Tage
bei Tegernsee am Peißenberg.
Auf den Bergen ist die Freiheit,
auf den Bergen ist es schön,
doch auf so eine schlechte Weise
musste Jennerwein zugrunde gehn!«

Naturschutz – Naturnutz

Wildfrevel gibt es heute kaum mehr, Waldfrevel allerdings schon. Der Wald, das steht außer Frage, muss bewirtschaftet werden, er soll Erträge abwerfen. Dass dies aber immer wieder – auch in den Staatsforsten, die der Nachhaltigkeit und dem Allgemeinwohl verpflichtet sind – mit brutalen Eingriffen in das sensible Ökosystem verbunden ist, erschließt sich dem Naturfreund nicht ohne Weiteres. Steht man vor diesen hässlichen Wunden im Wald, erscheinen jene Mahnungen des Alpenvereins (die wir natürlich befolgen) »Bitte auf dem Weg bleiben – Abkürzer zerstören die Vegetation« wie blanker Zynismus …

Bergwandern

Ausrüstung

Wichtig beim alpinen Wandern ist eine der Jahreszeit, dem Klima und dem Wetter angepasste Kleidung. Sie transportiert den Schweiß von der Hautoberfläche nach außen. Er bleibt also nicht auf der Haut, wo er abkühlt und feuchtet, was – im schlechtesten Fall – zu einer Erkältung führen kann. Für alle Temperaturbereiche als ideal hat sich das sogenannte Zwiebelprinzip erwiesen: mehrere Schichten übereinander, die an- bzw. ausgezogen werden können. So ist der Körper bei jeder Witterung angemessen geschützt: nie zu kalt, nie zu heiß.

Baumwolle besitzt zwar einen hohen Tragekomfort, speichert aber Feuchtigkeit, ist also fürs Bergsteigen nur bedingt geeignet. Sportunterwäsche aus moderner Synthetik gibt die Feuchtigkeit nach außen weiter, sorgt also für eine trockene (= warme) Haut. Es ist aber darauf zu achten, dass die nächste Bekleidungsschicht (T-Shirt oder Hemd) ebenfalls aus Kunstfasern besteht.

Socken werden in der Regel aus einer Mischfaser (Wolle/Synthetik) hergestellt, was – in Verbindung mit Polstern an den richtigen

Stellen – erheblichen Tragekomfort garantiert. Links-rechts-Socken sollte man auch so anziehen.

Längst ausgedient hat die Bundhose. Bei größeren Unternehmungen trägt man eine lange Berghose mit abnehmbaren Beinen. Mit dabei hat man zusätzlich eine Überhose aus regendichtem Material, die gut vor Kälte (Wind) und Nässe schützt.

Fleece-Jacken und Pullis (evtl. mit Windstoppern) sind aus der Bergsportbekleidung nicht mehr wegzudenken, so wenig wie Anoraks aus Goretex oder einem vergleichbaren Material. Angenehm bei windigem Wetter ist eine Mütze; beliebt sind auch die Buff-Tücher, die man als Mütze, Ohren- oder Halswärmer tragen kann.

Grundlage – buchstäblich – jeder ordentlichen Ausrüstung bilden die Bergschuhe. Und die müssen passen, zum Gelände und zum Fuß. Letzteres ist besonders wichtig; der Schuh darf auf keinen Fall zu klein (Zehen!) sein. Ideal ist ein guter Allrounder, z. B. ein leichterer Trekkingstiefel.

Das Wetter

Frühaufstehertouren wird man nur unternehmen, wenn die aktuelle Wetterentwicklung auch einen schönen Morgen verspricht, Sonnenaufgang inklusive. Im Hochsommer ist allerdings damit zu rechnen, dass sich gelegentlich schon um die Mittagszeit über den Bergen heftige Gewitter entladen können. Also wird man sich vorab möglichst genau über das zu erwartende Wetter informieren. Ein strahlend schöner Morgen bietet keine Gewähr dafür, dass es den ganzen Tag über sonnig bleibt. Als mögliche Vorboten einer Wetterverschlechterung gelten Morgenrot (sehr attraktiv zum Sonnenaufgang!), bestimmte Wolkenbilder (z. B. Föhnfische und von Westen aufziehende Federwolken) und Halo-Erscheinungen (weiter, regenbogenfarbiger Ring um die Sonne, Nebensonnen). Bilden sich bereits am Vormittag Haufenwolken, die rasch zu mächtigen Türmen anwachsen, sind Schauer, Blitz und Donner zu erwarten.

Baumschwamm, kunstvoll geformt

Tipps für Frühaufsteher

Wer Frühaufstehertouren plant, muss ein paar Dinge bedenken, mit denen sich Langschläfer nicht herumschlagen müssen. Zum Beispiel: Draußen in der Bergnatur ist es nachts wirklich dunkel – außer der Vollmond ersetzt einmal die fehlende Straßenbeleuchtung. Und die Temperaturen sinken während der Nacht kontinuierlich – da kann es vor dem Sonnenaufgang ganz schön frisch

Einführung

sein. Wer den großen Lebensspender oben beim Gipfelkreuz begrüßen will, sollte auch genau wissen, wann das Schauspiel stattfindet. Weiter gilt es zu überlegen, ob man nach dem frühen Aufstieg die Tour gleich weiterführen will und vielleicht eine größere Überschreitung anhängen möchte. Zeit genug ist ja – noch ein Vorteil des Frühaufstehens.

Zur Ausrüstung für Frühaufstehertouren gehören zusätzlich:
- warme Kleidung, Mütze, Handschuhe
- eine Stirnlampe, dazu Ersatzbatterien
- eine Uhr (im Handy, in der Kamera)
- ein Isolierpolster (wärmt beim Warten)
- ein Stativ (falls man fotografieren möchte)
- eine Thermoskanne mit heißem Tee

Weiter sind folgende Punkte bei der Planung zu berücksichtigen:
- Nachts sind viele Tiere unterwegs. Dabei kreuzen sie auch Straßen. Also entsprechend vorsichtig (langsamer) fahren.
- Anfahrtsstrecke auf der Karte abchecken. In der Nacht ist die Orientierung auf der Straße manchmal nicht so leicht.
- Wann geht die Sonne auf, an welcher Stelle am Horizont?
- Zu welchem Zeitpunkt sollte man losgehen, um rechtzeitig oben zu sein?
- Ab wann gibt es Frühstück in Hütten, Berggasthäusern?

Dämmerung und Sonnenaufgang (gültig für München)

Datum	Dämmerungsbeginn	Sonnenaufgang	Datum	Dämmerungsbeginn	Sonnenaufgang	Datum	Dämmerungsbeginn	Sonnenaufgang
1. Januar	7.48	9.04	20. Mai	4.01	5.29	10. Oktober	6.18	7.25
10. Januar	7.47	9.02	1. Juni	3.44	5.18	20. Oktober	6.32	7.40
20. Januar	7.43	8.56	10. Juni	3.36	5.14	1. November	6.49	7.58
1. Februar	7.32	8.43	20. Juni	3.34	5.13	10. November	7.01	8.12
10. Februar	7.20	8.29	1. Juli	3.39	5.17	20. November	7.15	8.27
20. Februar	7.05	8.12	10. Juli	3.49	5.24	1. Dezember	7.28	8.42
1. März	6.49	7.56	20. Juli	4.04	5.34	10. Dezember	7.37	8.53
10. März	6.31	7.38	1. August	4.24	5.49	20. Dezember	7.44	9.01
20. März	6.10	7.18	10. August	4.41	6.01	31. Dezember	7.48	9.04
1. April	5.44	6.53	20. August	4.59	6.14			
10. April	5.24	6.35	1. September	5.19	6.31			
20. April	5.01	6.16	10. September	5.33	6.43			
1. Mai	4.38	5.56	20. September	5.49	6.57			
10. Mai	4.19	5.42	1. Oktober	6.06	7.15			

Hinweis: Auf den Gipfeln kommt die Sonne – je nach Längengrad, Jahreszeit, Höhe und Lage – möglicherweise ein paar Minuten früher.

Über Mondphase und Mondaufgang und -untergang informiert man sich in den Tageszeitungen oder im Internet.

Bayerische Schmankerln

Wandern macht hungrig, und so wird man unterwegs oder hinterher gerne nach einer Einkehrmöglichkeit Ausschau halten – natürlich mit Garten. Der gehört zu einer bayerischen Wirtschaft wie die legendäre Weißwurst (die allerdings erst 1857 in München »erfunden« wurde) und das Weißbier. Nicht fehlen dürfen auf der Speisekarte natürlich die landestypischen Schmankerln wie der Obatzde, ein Brotaufstrich aus Camembert, Zwiebeln und etwas Butter, der mit Paprika, Salz und Pfeffer gewürzt wird, oder die klassische Brotzeit.

Beliebt ist auch der Presssack, eine Wurstspezialität aus Schweinefleisch und Schwarten, die es als Weißen Presssack mit Essig und als Roten Presssack mit Blut gibt. Gerne gegessen wird der Leberkäs, meistens mit Kartoffelsalat als Beilage; am Sauren Lüngerl scheiden sich die (kulinarischen) Geister. Sauerkraut und Würstl sind ein Klassiker der Berghüttenküche.

Die Zutaten sind frisch vom Bio-Bauernhof: am Berggasthaus Taubenberg.

Aus der Bayerischen Küche nicht wegzudenken sind die Knödel: Grießknödel oder Leberknödel (beide in einer klaren Brühe), Semmelknödel aus altem Brot (Semmeln), Eiern, Milch, Petersilie und Zwiebeln, dann natürlich die Kartoffelknödel. Semmelknödel werden gerne zusammen mit Schwammerln gegessen, Kartoffelknödel sind die klassische Beilage zur Schweinshax'n und zum Schweinsbraten.

Ein Klassiker, der kaum auf einer Speisekarte fehlt, ist der Zwiebelrostbraten, beliebt auch das Tellerfleisch mit Kren. Beim Böfflamott handelt es sich um einen französischen Import aus der Zeit Napoleons, dessen ursprünglicher Name »bœuf à la mode du chef« dem bayerischen Idiom angepasst wurde.

Von den zahlreichen Süßspeisen (die Bayern essen leidenschaftlich gerne Kuchen) ist neben dem Zwetschgendatschi natürlich der Kaiserschmarrn zu nennen, der seine Wurzeln allerdings in Österreich hat. Zur Faschingszeit gehört der Krapfen. Auf der Speisekarte finden sich auch oft Dampfnudeln und Germknödel.

Ein legendäres Kletterrevier: die Laliderer Wand im frühen Morgenlicht; rechts die Laliderer Spitze

Bergwanderungen für Frühaufsteher

Bergwanderungen für Frühaufsteher

1 Durchs Murnauer Moos
Naturwunder am Alpenrand

- **Schwierigkeit:**
Leicht, kaum Steigungen
- **Gehzeit:**
3 Std.
- **Höhenmeter:**
100 m
- **Tourencharakter:**
Rundwanderung auf Sandstraßen, komfortablen Wegen (im Hochmoor Holzsteg), gegen Ende auch teilweise Asphalt
- **Orientierung:**
Problemlos, alles gut beschildert
- **Ausgangs-/Endpunkt:**
Wanderparkplatz bei der Ramsachkirche (624 m)
- **Anfahrt:**
Murnau liegt an der Bahnlinie München – Garmisch-Partenkirchen – Innsbruck sowie an der Garmischer Autobahn (Ausfahrt Murnau/Kochel). Von der Ortsmitte Richtung Garmisch (B 2), dann rechts zum Parkplatz am Rand des Moors
- **Karte:**
Bayerisches Landesvermessungsamt 1:50 000, Blatt UK L 31 Werdenfelser Land
- **Einkehr:**
Gasthaus Ähndl in Ramsach, ganzjährig geöffnet (Donnerstag geschlossen)
- **Infos:**
Tourist-Information, Kohlgruber Straße 1, 82418 Murnau; Tel. 08841/61 41-0, www.murnau.de

Unmittelbar am Alpenrand liegt Bayerns größtes Moor, ein Relikt der Eiszeit. Ein Rundweg erschließt die geschützte Moorlandschaft – vor allem frühmorgens vermittelt diese Wanderung ganz besondere Eindrücke.

Murnau, das wirtschaftliche und kulturelle Zentrum des »Blauen Landes« hat seinen Namen nicht zufällig, liegt es doch zwischen »muorigen Auen« und dem seichten Staffelsee. Funde belegen,

dass die Gegend bereits während der Bronze- und Eisenzeit besiedelt war; später wurde der Ort Etappe an der Römerstraße, die von Italien über die Alpen nach Augsburg (Augusta Vindelicum) führte. Während den Stürmen der Völkerwanderungszeit zog sich die Bevölkerung jeweils auf den Moosberg (641 m) zurück. Hier fand man Hinweise auf eine Keltensiedlung, die leider 1925 durch den Gesteinsabbau zerstört wurden. Der Moosberg besteht wie der Lange Köchel (717 m) und die anderen Felsbuckel, die aus der weiten Fläche des Murnauer Mooses aufragen, aus extrem hartem Glaukoquarzit. Es wurde bis 2001 abgebaut und als Straßenpflaster oder Bahnschotter verwendet. Dabei entdeckte ein Sprengmeister 1998 eine Bernsteinader aus der Kreidezeit. In dem 100 Millionen Jahre alten Fossilharz fanden sich winzige Splitter einer Araukarie (Baumart, die heute in Südamerika heimisch ist, aber auch an den großen Seen der Alpensüdseite wächst), ein Indiz dafür, dass es in Bayern damals wesentlich wärmer war (im Murnauer Schlossmuseum zu besichtigen).

Die eigentliche Attraktion Murnaus ist aber das Murnauer Moos – mit einer Fläche von 32 Quadratkilometern (samt Randbereichen) eines der größten noch intakten Moorgebiete Mitteleuropas. Es besteht überwiegend aus Seggenrieden, Nieder- und Übergangsmooren, Quelltrichtern, Schilfflächen und Streuwiesen; bei einem Fünftel der Fläche handelt es sich um echte Hochmoore mit einer Torftiefe von bis zu 25 Metern. Das Moos ist Lebensraum zahlreicher selten gewordener Pflanzen wie Sonnentau, Karlszepter, Sibirische Schwertlilie, Moor-

Der Tag beginnt im Murnauer Moos.

Binse und Moor-Steinbrech, Glanzorchis, Herbst-Wendelorchis und Wanzen-Knabenkraut. Von den 964 Pflanzenarten des Murnauer Mooses stehen nicht weniger als 164 auf der Roten Liste.

In dem Biotop sind über 50 Arten von Libellen, darunter die Sibirische Winterlibelle *(Sympecma paedisca)*, die Zwerglibelle *(Nehalennia speciosa)* und die Keilflecklibelle *(Aeshna isoceles)*, nachgewiesen. Das Murnauer Moos gilt als eines der bedeutendsten Wiesenbrütergebiete Süddeutschlands, beste Beobachtungszeit ist Mitte Mai bis Mitte Juni. Hier kann man mit etwas Glück – und einem Fernglas – Schlangenadler, Schwarzmilan, Blaukehlchen oder Berglaubsänger beobachten. Den Wachtelkönig *(Crex crex)*, obwohl im Moos mit etwa 50 rufenden Männchen vertreten, wird man kaum zu Gesicht bekommen. Am Morgen ist aber sein unverwechselbares Krächzen zu hören – ein Grund mehr, die Moos-Wanderung ganz früh am Tag zu unternehmen.

Im Mai blüht die Iris im Moos

Das Murnauer Moos verdankt seine Entstehung dem Wirken des Loisachgletschers, der während der Rißeiszeit weit ins Alpenvorland hinausreichte und sich im Spätglazial (vor 16 000 Jahren) allmählich in die Alpen zurückzog, Rand- und Endmoränen zurücklassend. Zurück blieb auch eine tiefe, vom Eis ausgehobelte Mulde. So bildete sich zunächst ein großer See, der durch den Gesteineintrag aus den umliegenden Bergen und die Eintiefung des Loisachbetts allmählich verlandete. Diese Entwicklung ist bis heute nicht abgeschlossen; vor allem im nördlichen Teil des Moors gibt es noch größere Flächen von Schwingrasen, also auf dem Wasser schwimmenden Vegetationsdecken. Im Wurzelgeflecht des Schwingrasens entsteht Torf, der sich am Grund des Gewässers absetzt und so den Prozess der allmählichen Verlandung in Gang hält. Typisch für Schwingrasen sind Torf- und Braunmoose, die Schlammsegge, die Schnabelriede und die Blasenbinse.

Ein Holzsteg führt durch das Lange Moos.

Die Rundwanderung Die Moorwanderung beginnt bei der Ramsachkirche (624 m), die als ältestes Gotteshaus der Region gilt, sich heute mit seinem Zwiebelturm aber als echter bayerischer Barockbau präsentiert (1744). Sie ist dem Heiligen Georg geweiht, dem Drachentöter, und das passt ganz gut zu einem Ausflug ins Moos, hieß es doch früher, dass es hier nächtens schwer gespukt haben soll …

Ein Wegschild weist auf den 12,5 Kilometer langen Moos-Rundweg hin. Die Sandstraße verläuft parallel zur Ramsach, folgt dem träge dahinfließenden Gewässer rund zwei Kilometer weit nach Süden. Vor sich hat man das oberbayerische Alpenpanorama mit

Farbenzauber frühmorgens im Moos; am Horizont die Benediktenwand

der Alpspitze als Blickfang. Mitten im Moos liegen die bewaldeten Hügel rund um den Langen Köchel, von denen bereits die Rede war. Sie bleiben links liegen, die Route biegt nach Westen um und peilt das südliche Ende der Langen Filze (666 m) an. Der Weg führt leicht ansteigend in das schöne Hochmoor mit Birken, Wacholder- und Erikasträuchern. Auf einem hölzernen Steg durchquert man das sumpfige Gelände; auf gut halber Strecke steht links ein offener Unterstand (samt Hüttenbuch). Schautafeln informieren über das Leben im Moos.

Nördlich der Langen Filze gelangt man in das Siedlungsgebiet von Westried (686 m). Hier knickt der Weg nach Osten ab, und auf Asphaltunterlage geht's durch den Murnauer Vorort. Hinter den Einfamilienhäusern von Moosrain steigt die Route an zur Bahnlinie. Man folgt ihr etwa einen Kilometer, biegt dann nach rechts mit leichtem Höhenverlust auf einen breiten Hangweg. Er leitet mit freier Sicht über das Moos auf die Berge zurück zum Ausgangspunkt der Runde bei der Ramsachkirche.

Bergwanderungen für Frühaufsteher

2

Der Wank (1780 m)

Großartige Aussicht vor der Zugspitze

- **Schwierigkeit:**
Mittel
- **Gehzeit:**
Gesamt 5 Std. 45 Min. (Aufstieg 3 Std. 30 Min., Abstieg 2 Std. 15 Min.)
- **Höhenmeter:**
1040 m
- **Tourencharakter:**
Recht lange, aber unschwierige Bergwanderung; bis zur Esterbergalm Straße, dann schöner Serpentinenweg
- **Orientierung:**
Problemlos, gut markierte Wege
- **Ausgangs-/Endpunkt:**
Parkplatz bei der Talstation der Wank-Seilbahn (740 m)
- **Anfahrt:**
Von München über die Autobahn nach Garmisch-Partenkirchen, im Stadtteil Partenkirchen zur Seilbahnstation (Hinweisschilder)
- **Karte:**
DAV-Karte 1:25 000, Blatt BY 9 Estergebirge
- **Einkehr:**
Wankhaus, Sommer und Winter geöffnet, während der Übergangszeit (November/Dezember, April/Mai) Bewirtschaftung vorab erfragen; Tel. 08821/56 201
- **Infos:**
Tourist-Information, Richard-Strauß-Platz 2, 82467 Garmisch-Partenkirchen; Tel. 08821/18 07 00, www.gapa.de

Schönster Aussichtspunkt über Garmisch-Partenkirchen und vor dem Wettersteinmassiv ist der Wank, keine Frage. Und ein Sonnenaufgang von dieser hohen Warte beschert ein ganz besonderes Erlebnis.

Die Zugspitze (2962 m) ist der Paradeberg des Werdenfelser Landes, der Wank sein vielleicht schönster Aussichtspunkt. Als Eckpfeiler des Estergebirges erhebt er sich breitmassig über Partenkirchen, durch einen markanten Alpenlängsgraben vom Wetterstein-

Der Wank

gebirge getrennt. Dessen Gipfel stehen – von der Wettersteinwand (2482 m) über Dreitorspitzen (2682 m), Hochwanner (2744 m), Alpspitze (2628 m), Höllentalspitzen (2743 m) und Waxenstein (2277 m) bis zum höchsten Berg Deutschlands – aufgereiht am südlichen Horizont, und mehr noch: Vom Wank geht der Blick hinein in die Herzkammern des Massivs, ins Höllental und ins Reintal.

Da verwundert es natürlich nicht, dass der Berg eine Seilbahn und eine Gipfelhütte hat. Letztere ist (fast) ganzjährig bewirtschaftet, die Seilbahn bis auf ein paar wenige Wintertage nur im Sommer in Betrieb. Wenn der Betriebsleiter den Schalter umlegt und die ersten

Morgenrot am Himmel über dem Karwendel – beobachtet am Nordanstieg zum Wank.

Bergwanderungen für Frühaufsteher

Bank mit Panoramablick: Zugspitze und Loisachtal vom Wank

Versponnene Kunst im Morgenlicht

Kabinen auf die luftige Reise schickt, sind Frühaufsteher allerdings längst oben. Sie folgen der Route über die Esterbergalm (1264 m) und den Nordhang, an dem sich der schön angelegte Weg in vielen Kehren bis zum weiten, kahlen Gipfeldach hinaufschraubt. Dort wartet dann bei Schönwetter ein faszinierendes Spektakel, das im Osten beginnt und schließlich die Grate und Gipfel des Wettersteins erglühen lässt. Die Täler liegen noch im Nachtschatten, auf der Terrasse des Wankhauses scheint aber bereits die Sonne, hier genießt man schon ihre wärmenden Strahlen. Für den Abstieg bietet sich der südseitige Weg an. Er läuft in weiten Schleifen an dem steilen Hang talabwärts. Der stark ausgelichtete Wald bereitet Naturschützern (aber nicht nur ihnen) erhebliche Sorgen, sind hier doch viele Bäume so schwer geschädigt, dass sie ihre natürlichen Funktionen nicht mehr wahrnehmen können. Unter dem Roßwank tritt teilweise bereits nackter Fels zutage, die Humusschicht schwindet zunehmend, das Unterholz ebenfalls. Die Ursachen, wie überall in den Bergen: Schadstoffe in der Luft, zu viel Schalenwild am Boden.

Wir bekamen auf dem Weg zum Gipfel kein Wild zu Gesicht – hören konnten wir es allerdings schon: Hirsche. Die Brunftzeit hatte begonnen, und da erschallt Jahr für Jahr das sagenhaft unmelodische Röhren aus dem Wald, mit dem die männlichen Tiere ihr Revier gegen Konkurrenten abgrenzen. Ich habe meine Hörner schon abgestoßen, kann also auf jedes Imponiergehabe verzichten. Schließlich bekam die Sonne ihren großen Auftritt, so flüchtig wie grandios – der schattengraue Kalk des Wettersteins leuchtete auf, dann wischte das Tageslicht die unwirklichen Farben weg. Guten Morgen!

Fantastisch ist der Blick auf das Wettersteinmassiv mit der verbauten Zugspitze (2962 m) und der elegant gebauten Alpspitze (2628 m) als Blickfang. Dazwischen liegt der rund sechs Kilometer lange Jubiläumsgrat – eine Traumroute für gute Bergsteiger. Sensationelles gibt es auch im Sockelbereich des Massivs: zwei Schluchten, die Höllental- und die Partnachklamm, beide auf gesicherten Steigen begehbar.

Aufstieg Der nordseitige Anstieg startet am großen Parkplatz der Wank-Seilbahn (740 m) als ordinärer Straßenhatscher. Über zwei weit ausholende Schleifen geht es bergan, zunächst noch durchgehend mit Asphaltunterlage, dann nur noch in den Steilstücken. Zu sehen gibt es wenig; wenn der Mond scheint, zeichnen sich im Westen ein paar Randgipfel der Ammergauer Alpen gegen den Sternenhimmel ab. Hinter der Daxkapelle (963 m) – die nicht etwa von einem Banker gestiftet wurde, sondern vom alten Wort Taxen (= Tannen) ihren Namen hat – nähert man sich der 1000-Meter-Höhenkote. Die Hälfte des Weges bis zur kleinen Wasserscheide (1279 m) vor der Esterbergalm ist geschafft. Unmittelbar auf der Höhe (Schilder) zweigt rechts der schön angelegte Gipfelweg ab. In vielen Kehren führt er bergan, dabei genießt man ab und zu freie Sicht nach Osten, wo der Himmel allmählich aufhellt, sich vielleicht sogar ein attraktives Morgenrot zeigt. Am Ameisberg (1724 m) ist das weite Gipfelplateau erreicht; zehn Minuten noch zum höchsten Punkt des Wank (1780 m) mit Haus und großem Kreuz.

Abstieg Der Weg zurück ins Tal führt vom Wankhaus zunächst im Zickzack hinunter zu einem Geländesporn. Dann geht's in weiten Schleifen an dem steilen, licht bewaldeten Hang bergab, immer wieder mit schönen Ausblicken auf das Wettersteinmassiv. Die Zwischenstation der Seilbahn bleibt rechts liegen. An der Eckenhütte (1061 m) stößt man auf einen Fahrweg. Er quert den Kesselgraben nach Westen und senkt sich dann zur Esterbergalm-Straße. Auf ihr geht es zurück zum Großparkplatz.

Herbstnebel über dem Loisachtal; links die Zugspitze

Bergwanderungen für Frühaufsteher

3
Über den Reitweg zum Herzogstand (1731 m)

Ein Gipfelklassiker – frühmorgens erlebt

■ **Schwierigkeit:**
Aufstieg leicht, Abstieg mittel
■ **Gehzeit:**
Gesamt 4 Std. 15 Min. (Aufstieg 2 Std. 30 Min., Abstieg 1 Std. 45 Min.)
■ **Höhenmeter:**
Aufstieg 880 m, Abstieg 930 m
■ **Tourencharakter:**
Leichte Gipfelwanderung, großartiges Panorama; Aufstieg über ein Sandsträßchen, ab Herzogstandhaus breiter, nur mäßig steiler Weg; Abstieg nach Süden im Bereich des Wassergrabens auf kurzen Abschnitten ausgesetzt (Drahtseile)
■ **Orientierung:**
Problemlos
■ **Ausgangspunkt:**
Parkplatz (840 m) am Kesselberg
■ **Endpunkt:**
Talstation (804 m) der Herzogstandbahn
■ **Anfahrt:**
Von Kochel über die Kesselbergstraße zu den Parkplätzen im Bereich der Scheitelhöhe (850 m). Von der Talstation der Herzogstandbahn per Bus (oder Anhalter) zurück zum Kesselberg
■ **Karte:**
AV-Karte 1:25 000, Blatt BY 9 Estergebirge – Herzogstand

Seine Lage zwischen dem Kochel- und dem Walchensee macht den Herzogstand zu einem der lohnendsten Gipfelziele in den Bayerischen Voralpen. Frühaufsteher haben ihre Freude an dem historischen Reitweg, der einen leichten Zustieg zum Gipfel bietet.

Es ist nicht anzunehmen, dass König Maximilian II. an die Frühaufsteher des für ihn so fernen 21. Jahrhunderts dachte, als er den Reitweg zum Herzogstand anlegen ließ. Autos gab's damals noch keine, also fuhr die Elite weder 5er BMW noch ein Konkurrenz-

Über den Reitweg zum Herzogstand

produkt aus Stuttgart, sie ging aber auch nicht gerne zu Fuß. Hoch zu Ross, hieß die Devise der erlauchten Herrschaften und ihrer Damen. Wer per pedes unterwegs war, gehörte nicht zu den Glücklichen jener Zeit. Wir tun es gerne, auf dem Reitweg, der zwischenzeitlich etwas verbreitert worden ist und im Nachtdunkel den mit Stirnlampen ausgerüsteten Wanderern absolut zuverlässig die Richtung vorgibt. Danke, lieber Max!

Wir parken unseren Golf (solides Mittelklassesymbol) am Kesselberg. Es ist Sonntag, noch niemand da. Schuhe anziehen, Stirnlampen einschalten, den Rucksack schultern. Etwas steiler als die (erst 1897 eröffnete) Kesselbergstraße ist der Reitweg schon, dafür aber auch gesperrt für moderne Pferdestärken. Zwei Füße, ein ordentlich trainierter Kreislauf und etwas Auftrieb reichen locker. Wir finden bald unseren Rhythmus, zunächst noch ganz ohne Aussicht: Nachtdunkel rundum, nur der Schein unserer Lampen tanzt über den Kies. Der knirscht leicht unter unseren Schuhsohlen – sonst ist es ganz still. Man könnte meinen, der ganze Berg würde schlafen, ein paar Jäger dürften aber schon unterwegs sein, kleine und größere. Ein Wolf treibt sich allerdings nicht herum am Herzogstand (im Gegensatz zur Wendelstein-Region), und größere Raubtiere gibt's zurzeit keine in den Bayerischen Voralpen. Bruno, der vor ein paar Jahren ein Medienereignis war, dann zum Problembär mutierte, steht mittlerweile im Münchner Museum Mensch und Natur – ausgestopft, einen Bienenstock ausraubend.

In einer Linkskurve mündet der von Raut bei Schlehdorf heraufkommende

■ **Einkehr:**
Herzogstandhaus, ganzjährig geöffnet (Mitte November bis Weihnachten geschlossen); Tel. 08851/234, www.berggasthaus-herzogstand.de

■ **Infos:**
Tourist Info, Bahnhofstraße 23, 82431 Kochel am See; Tel. 08851/338, www.kochel.de

Der Kochelsee im frühen Morgenlicht

Bergwanderungen für Frühaufsteher

Noch ist es ganz ruhig am Herzogstandhaus ...

Das Franz-Marc-Museum

Nach der Erweiterung um den modernen Zubau der Zürcher Architekten Diethelm & Spillmann ist das Museum am Kochelsee seit 2008 wieder geöffnet. Die erheblich vergrößerte Sammlung umfasst neben Werken des 36-jährig bei Verdun gefallenen Franz Marc wichtige Arbeiten der von ihm und Wassily Kandinsky 1911 in München begründeten Künstlergruppe »Der Blaue Reiter«. Ihr gehörten u.a. Gabriele Münter, Paul Klee und Marianne von Werefkin an. Gezeigt werden auch Bilder aus der Stiftung Stangl (klassische Moderne, Nachkriegskunst).

Das Museum ist von April bis Oktober Dienstag bis Sonntag 10–18 Uhr geöffnet, im Winter nur bis 17 Uhr.

»Pionierweg« ein, in den Kehren im Anstieg zum Rauchkopf (1428 m) bietet sich ein schöner Tiefblick auf den Kochelsee, der wie ein bleierner, schwach glänzender Spiegel im Dunkeln liegt. Kleine Lichtpunkte an seinen Ufern, die Andeutung von Nebel liegt über dem großen Moorgebiet nördlich des Sees, von dem ein Teil den schönen Namen Mondscheinfilz trägt. Wie romantisch!

Uns zeigt sich der Erdtrabant heute nicht, dafür wird es ganz allmählich Tag. Ein Birkhahn gurrt in der Wiese, läuft dann weg, fliegt aber nicht auf. Das Herzogstandhaus hat noch Nachtruhe, wir setzen uns auf die Terrasse, genießen die Aussicht, das Farbenspiel am Himmel und auf den Felsen im Süden. Die Bergketten im Osten scheinen wie Theaterkulissen hintereinander aufgebaut, mit dem markanten Felshorn des Guffert als Blickfang.

Wie weiter? Über den Herzogstand (1731 m) zum Heimgarten (1791 m) und dann hinunter zum Walchensee? Oder auf dem Hinweg zurück? Wir beschließen, einen Abstecher zum Herzogstand zu unternehmen und dann über den schönen, sonnigen Serpentinenweg abzusteigen. Nach einem ordentlichen Frühstück bringt uns der RVO-Bus zurück zum Parkplatz am Kesselberg.

Aufstieg Der königliche Reitweg beginnt direkt auf der Scheitelhöhe des Kesselbergs (850 m). Die breite Fahrspur steigt im Wald kontinuierlich an und verläuft dann parallel zum Hammersbach, der im Nachtdunkel leise gluckert. Oberhalb der Einmündung des »Pionierwegs« (1142 m) folgen ein paar weite Schleifen, hier gibt es den ersten Ausblick nach Norden. Im Rücken des Rauchkopfs erreicht man die Schlehdorfer Alm, das Herzogstandhaus (1573 m) kommt in Sicht. In einem weiten Linksbogen und mit einer letzten Serpentine peilt das Sträßchen die beliebte Einkehr an. Der Weiterweg führt kommod ansteigend unter dem Martinskopf (1675 m) hindurch, über ein paar flache Schleifen gewinnt er an dem Latschenhang den Gipfel des Herzogstands (1731 m) mit dem Pavillon. Das Kreuz steht etwas unterhalb am Ostgrat.

Sein »königliches« Panorama verdankt der Herzogstand einerseits dem Umstand, dass er genau zwischen und über dem Kochel- und dem Walchensee steht, andererseits einer Laune der Natur, die jenen breiten Korridor geschaffen hat, der Karwendel und Wetterstein trennt und so einen freien Blick südwärts bis zu den Dreitausendern des Stubaier Hauptkamms bietet (Zuckerhütl, 3507 m).

Abstieg Er führt zunächst zurück zum Herzogstandhaus, dann spitzwinklig (Hinweisschild Walchensee) hinein in die steile Südflanke des Martinskopfs. Nach einer längeren Querung folgt eine Reihe von Serpentinen, bevor der Weg den engen Wassergraben ansteuert. Drahtseile sichern die für weniger Bergerfahrene etwas heiklen, weil ausgesetzten Passagen. Dann darf man sich hinsetzen (Holzbank), für eine Weile wenigstens, und die hübsche Aussicht aufs Estergebirge genießen. Nach einem flachen Zwischenstück geht's erneut im Zickzack bergab. Man kreuzt die Herzogstand-Seilbahn (die 800 Höhenmeter in gerade mal vier Minuten überwindet) und erreicht nach den letzten Kehren den großen Parkplatz (804 m) bei der Talstation.

Sonntagmorgen über dem Walchensee; am Horizont die Karwendelketten

Bergwanderungen für Frühaufsteher

4 Zur Pleisenhütte (1757 m) im Westkarwendel

Aussichtsterrasse über Scharnitz

> ■ **Schwierigkeit:**
> Leicht
> ■ **Gehzeit:**
> Gesamt 4 Std. (Aufstieg 2 Std. 30 Min., Abstieg 1 Std. 30 Min.)
> ■ **Höhenmeter:**
> 800 m
> ■ **Tourencharakter:**
> Gemütliche Hüttenwanderung
> ■ **Orientierung:**
> Auch in dunkler Nacht wird sich hier niemand verlaufen …
> ■ **Ausgangs-/Endpunkt:**
> Wanderparkplatz am östlichen Ortsrand von Scharnitz (971 m)
> ■ **Anfahrt:**
> Scharnitz (964 m) ist Station an der Bahnlinie München – Garmisch-Partenkirchen – Innsbruck. Von Bad Tölz bzw. Penzberg (Autobahnausfahrt) kommt man via Kochel, Wallgau und Mittenwald nach Scharnitz. Im Grenzort links und noch einen Kilometer bis zum ausgeschilderten Parkplatz
> ■ **Karte:**
> Kompass 1:50 000, Blatt 26 Karwendelgebirge
> ■ **Einkehr:**
> Pleisenhütte, Ende Mai bis Mitte Oktober geöffnet; Tel. +43/664/915 87 92
> ■ **Infos:**
> Infozentrum Karwendel, Innsbrucker Straße 282, A-6108 Scharnitz; Tel. +43/ 5213/52 70. Das Zentrum ist im Sommer täglich von 9–12 und 15–18 Uhr geöffnet

Der Platz verdient locker drei Sterne. Und wer zu der wenig anstrengenden Hüttenwanderung aufbricht, wenn noch tausend Sterne am Nachthimmel funkeln, ist rechtzeitig oben, um die Morgensonne zu begrüßen.

Einen schöneren Platz kann man sich für ein alpines Refugium kaum ausdenken, und dieser Ansicht muss auch Toni Gaugg gewesen sein, als er in den 1950er-Jahren beschloss, an der Südwestflanke der Pleisenspitze eine Hütte zu bauen. Sie sollte für ein halbes Jahrhundert seine Bergheimat werden. Der Pleisen Toni, wie man ihn drunten im Tal nannte, war allerdings weit mehr als nur Hüttenwirt. Er stieg nicht nur als Bergführer auf die Karwendelgipfel, ihn interessierte auch die Unterwelt des Kalkgebirges. So entdeckte er in der Vorderkarhöhle das gut erhaltene Skelett eines großen Säugetiers, bei dem es sich um ein gut einjähriges Elchkalb handelte – eine Sensation in Tirol, zumal die Fundstelle auf etwa 1850 Meter Seehöhe lag. Das Tier dürfte in postglazialer Zeit, vor 7000 bis 8000 Jahren, gelebt haben. Damals herrschten in den Alpen deutlich höhere Temperaturen als heute, waren größere Teile des Karwendels mit Wald bedeckt.

»Wo die Berge in den Himmel ragen,
ihre Gipfel glüh'n im Sonnenschein,
klare Bächlein rauschen durch die Täler,
das Karwendel ist die Heimat mein.
Stehe ich auf hoher Zinne
Hoch über steiler Felsenwand,
dank ich dem Herrgott in aller Stille.
Wie schön bist du, mein Heimatland!«
Toni Gaugg, »Karwendellied«

Da können wir dem Pleisen Toni nur beipflichten, wie wir so auf der Hüttenterrasse sitzen und darauf warten, dass die Maisonne über dem hohen Grat der Karwendelkette auftaucht und die Morgenkälte vertreibt. Die Gleirsch-Halltal-Kette leuchtet bereits im

Zur Pleisenhütte im Westkarwendel

Drei Frühaufsteher mit guter Laune aber etwas verfroren

Licht des neuen Tages, südlich über dem Gleirschtal stehen die Solsteine, die Erlspitze und der Freiungen-Zackengrat; den Abschluss der Nordkette (sie ist die südlichste der Karwendelketten, liegt aber nördlich des Inntals) bildet die ebenmäßig gebaute Felspyramide der Reither Spitze (2374 m). Blickfang im Westen ist die Hohe Munde, auf deren abgeplattetem Haupt im Jahr 1990 eine viel beachtete Freiluft-Theateruraufführung stattfand: Felix Mitterers »Munde«.

Die Hüttenwanderung startet an der Isar, dem größten Fluss der Bayerischen Alpen, der im 12. Jahrhundert erstmals als Fluvius Isara erwähnt wird und über den der Chronist Aventinus 1525 schrieb: »Die Isar ist ein vast schnell Wasser, entspringt mitten im Pirg, oberhalb Mittenwald, kaum 3 Meil von der Scharnitz, man fert mit flössen darauf.«

> **Pleisenspitze (2569 m)**
>
> Die Frühaufsteher- und Hüttenwanderung lässt sich gut mit der Besteigung der Pleisenspitze verbinden – die Kondition muss allerdings stimmen (rund 1600 Höhenmeter ab Scharnitz). Das markierte Steiglein steigt zwischen Latschen an gegen das Vorderkar, wendet sich dann rechts zum Hinteren Pleisengrat. Durchweg links des Kamms, der nach Osten jäh abfällt, führt die Trittspur zum leicht felsigen Gipfel; 2 Std. 30 Min. von der Pleisenhütte.

Die Trift hat hier also eine lange Tradition, was beim Waldreichtum des Karwendels nicht weiter verwundert. Seine Quelle hat der Fluss im Hinterautal im Schwarzen Wald; der Platz hieß in früheren Zeiten »beim Ursprung« oder »bei die Flüss«. Die modernen Zeiten haben dem einst idyllischen Platz ein zeitgemäßes Outfit verpasst, und auch auf seinem 295 Kilometer langen Lauf muss die Isar einiges Ungemach erdulden. Bei Krün wird ihr Wasser größtenteils in den Walchensee abgeleitet und so zur Energiegewinnung genutzt, ein zweites Mal am Sylvensteinspeicher. Es folgen dreißig weitere Staustufen, zuletzt wird Isarwasser auch noch zur Kühlung der beiden Atommeiler Isar I und Isar II herangezogen, bevor der erschöpfte Wildfluss bei Deggendorf die Donau erreicht.

Aufstieg Die Hüttenwanderung beginnt auf Asphalt und führt zunächst entlang der Isar taleinwärts. Nach gut einem Kilometer quert das Sträßchen die Karwendelklamm an ihrer Mündung. Zu Zeiten, als noch getriftet wurde, führte ein kühn angelegter Steg durch die an der schmalsten Stelle gerade vier Meter breite Schlucht. Stämme, die sich zwischen den Felsen verkeilt hatten, wurden von den Holzarbeitern mithilfe der sogenannten Rennhaken wieder auf den (Wasser-)Weg gebracht.

Hinter der Klammbrücke beginnt die Straße anzusteigen, 500 Meter weiter, beim Wiesenhof, gabelt sie sich. Man verlässt die Teer-

Schroffe Felsen über dem Karwendeltal. Im Kammbereich verläuft der »Mittenwalder Klettersteig«.

Zur Pleisenhütte im Westkarwendel

Arthur genießt die ersten Sonnenstrahlen. In der Bildmitte der Hohe Gleirsch.

unterlage nach links und folgt der Sandpiste, die im Wald moderat ansteigt, dabei eine Lichtung tangiert. Hinter dem Wasserlegraben geht's in Schleifen weiter bergan; an einer Rechtskehre hat man freie Sicht aufs Karwendeltal und auf die Brunnensteinspitze (2180 m). Es folgen zwei weitere Serpentinen, dann zweigt links ein etwas rauer Ziehweg ab (Tafel). Er gewinnt in Serpentinen kräftig an Höhe und bietet ab und zu auch einen Ausblick auf die Gipfelketten südlich des Hinterau- und des Gleirschtals. Bei einer originell verzweigten Fichte knickt er nach rechts ab. Nach einer längeren Querung erreicht man schließlich die auf einer Lichtung gelegene Pleisenhütte (1757 m). Hier genießt man die prächtige Aussicht auf die Gleirsch-Halltalkette, Solsteine, Erlspitze, Freiungen und Reither Spitze.

Abstieg Auf dem Anstiegsweg. Einige Kehren des Ziehweges lassen sich dabei abkürzen, ebenso die weit ausholende Schleife der Forstpiste.

Bergwanderungen für Frühaufsteher

5
Über den Zäunlkopf (1746 m)

Ein stiller Bergwinkel im Westen des Karwendels

■ **Schwierigkeit:**
Leicht
■ **Gehzeit:**
Gesamt 4 Std. 15 Min. (Aufstieg 2 Std. 45 Min., Abstieg 1 Std. 30 Min.)
■ **Höhenmeter:**
750 m
■ **Tourencharakter:**
Abwechslungsreiche Gipfelüberschreitung; Anstieg zur Oberbrunnalm auf einer Sandstraße, dann guter Bergweg; von der »Schönen Aussicht« toller Blick in die westlichen Karwendeltäler
■ **Orientierung:**
Problemlos, zuerst Sandstraße, dann markierter Weg
■ **Ausgangs-/Endpunkt:**
Gießenbach (1012 m) an der Straße von Scharnitz nach Seefeld; Parkplatz beim Bahnhof
■ **Anfahrt:**
Von Garmisch via Mittenwald und Scharnitz nach Gießenbach; Straße und Bahnlinie
■ **Karte:**
Kompass 1:50 000, Blatt 26 Karwendelgebirge
■ **Einkehr:**
Oberbrunnalm, Juni bis September geöffnet
■ **Infos:**
Informationsbüro, Innsbrucker Straße 282, A-6108 Scharnitz; Tel. +43/5/08 80-40, www.seefeld.com

Er gehört garantiert nicht zu den bekanntesten Karwendel-Gipfeln. Trotzdem ist der Zäunlkopf ein lohnendes Wanderziel, auch für Frühaufsteher, mit bequemem Zugang bis zur Oberbrunnalm.

Es sind – wir wissen es – nicht immer die höchsten Gipfel, die die schönste Aussicht bieten. Von hoher Warte herabzuschauen auf die Welt hat durchaus seinen Reiz, die Topografie einer Landschaft erschließt sich einem aber auch aus halber Höhe. Und von

Eine beliebte Einkehr: die Oberbrunnalm

Über den Zäunlkopf

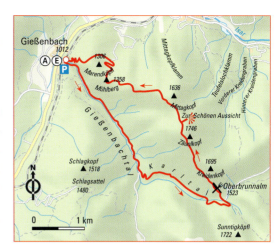

kaum einer anderen Stelle zeigt sich das westliche Karwendel so modellhaft aufgeschlossen wie vom – vergleichsweise unbedeutenden – Zäunlkopf (1746 m). Der ist nicht einmal zweitausend Meter hoch, steht dafür aber am richtigen Platz. Und weil er oben mit Latschen und vereinzelten Bäumen geschmückt ist, haben die Scharnitzer einen Platz etwas nördlich des höchsten Punktes mit markiertem Zugang und einem Bankerl versehen. »Zur schönen Aussicht« heißt er, und das ganz zu Recht. Doch die Aussicht ist mehr als nur schön: Sie ist aufschlussreich. Das meinen nicht nur Geologen, denen die Aufschlüsse einen Blick zurück in die Erdgeschichte liefern, sondern auch Laien, die mit offenen Augen in den Bergen unterwegs sind. Auffallend – und ganz typisch fürs Karwendel – sind die langen Täler zwischen den Bergketten, eine Folge der Alpenhebung, die vor gut 100 Millionen Jahren nach dem Crash der Kontinentalplatten einsetzte. Später hobelten eiszeitliche Gletscher die Täler rund und beförderten immense Mengen an Geröll aus den Alpen ins flache Land. Diese Aufgabe übernimmt heute das Wasser. Was für eine Kraft die Erosion dabei entwickelt, lässt sich besonders schön an den extremen Steilflanken der Brunnensteinspitze (2180 m) ablesen: nackter Fels, tiefe Gräben. Einen kleinen Canyon hat das Wasser auch an der Mündung des Karwendeltals geschaffen. Kaum zu glauben, dass früher geschlagenes Holz durch diesen Schlund zur Isar befördert wurde und man dazu sogar einen befestigten Steg in der Klamm anlegen ließ. Ein gefährliches Handwerk, die Trift damals, fürwahr!

Kann man im Dunkeln leicht übersehen: die Klamm an der Mündung des Gießenbachtals, ganz am Anfang der Wanderrunde.

> **Kunst im öffentlichen Raum**
>
> Vor ein paar Jahren ist der Mühlberg-Sessellift bei Scharnitz abgebaut worden, und ganz langsam erobert sich die Natur die Lift- und Pistenschneise zurück: eine Freizeitbrache. Sie ist das Thema einer Arbeit, die 2008 zum Tiroler Wettbewerb »Kunst im öffentlichen Raum« eingereicht (und ausgezeichnet) wurde. Das Werk der Gruppe casati prangt nun – von der Bundesstraße aus gut sichtbar – an einem alten Stadel in Scharnitz: Lift und Pistenverlauf, leicht abstrahiert. Gelungen?

Ein schöner Platz mit dem richtigen Namen: Zur schönen Aussicht

Der Blick rundum verrät auch einiges über den Bau der Karwendelketten. Sind ihre Südflanken nur mäßig steil – gut an der Pleisenspitze (2569 m) und am Hohen Gleirsch (2492 m) zu beobachten –, so fallen sie nach Norden jäh ab, dabei teilweise imposante Wände (Laliderer) bildend. Aufgebaut werden sie überwiegend aus weißgrauem Wettersteinkalk; im Bereich der Erlspitze (2405 m) tritt auch Dolomit gebirgsbildend auf.

Mitten im Karwendel, im Hinterautal, auf einer Seehöhe von etwa 1180 Metern, entspringt die Isar, die in Bayern einen eigenen Winkel (Isarwinkel) hat und zwei Atomkraftwerke mit Kühlwasser versorgt. Eigentlich handelt es sich um mehrere Karstquellen, an denen das im Kalkfels versickerte Wasser wieder ans Tageslicht tritt.

Östlich unter dem Zäunlkopf mündet der Gleirschbach als erster nennenswerter Zufluss in die Isar. Er bildet im Mündungsbereich eine enge, malerische Klamm, die auf einem gesicherten Steg besucht werden kann. Sie ist nicht die einzige Schlucht hier; an der Nordflanke des bewaldeten Bergstocks hat sich das Wasser an einigen Stellen tief ins Gestein gegraben: an der Mittagskopf-, der Teufelslochklamm und am Kreidengraben.

Aufstieg Auch die Frühmorgentour startet zwischen schroffen, brüchigen Felsen: an der Mündungsenge des Gießenbachtals. Ist es noch dunkel, bleibt einem die malerisch-verwunschene Kulisse weitgehend verborgen – nur das Gurgeln und Rauschen des wilden Wassers ist zu hören. Auf der Sandstraße wandert man, wiederholt den Bach querend, bei moderater Steigung taleinwärts. Nach knapp einer Stunde gabelt sich die Route: rechts geht's zur Eppzirler Alm, links über zwei Kehren ins Karltal. Halbrechts voraus zieht eine mächtige Geröllreise durch jenen Graben herab, den die ebenmäßige Pyramide der Karlspitze (2174 m) markant abschließt. Es folgen ein paar Schleifen, dann ist die Sommerwirtschaft der Oberbrunnalm (1523 m) erreicht. Sie liegt auf der Wasserscheide zwischen Karl- und Isartal und ist, da von beiden Seiten anfahrbar, auch ein beliebtes Bikerziel.

Gleich oberhalb der Hütte weist ein Schild zum Zäunlkopf nach links. Das gut trassierte, schmale Weglein gewinnt an dem licht bewaldeten Hang zügig an Höhe, wendet sich dann in die Westflanke des Rückens. Ein Gipfel ist nicht in Sicht. Nach einem flacheren Abschnitt geht's noch mal bergan, dann endet der Anstieg. Der Steig läuft (gefühlt) sogar leicht bergab, bis schließlich ein Holzschild nach rechts weist: »Zur schönen Aussicht«. In fünf Mi-

Über den Zäunlkopf

Die Nordkette des Karwendels mit dem Kemacher, gesehen vom Zäunlkopf

nuten erreicht man den Guck-ins-Land samt Holzbank knapp nördlich des Zäunlkopfs. Zum höchsten Punkt des Bergstocks mit großem trigonometrischem Zeichen führt von der Abzweigung eine unmarkierte, etwas undeutliche Spur: 1746 Meter.

Abstieg Er zieht von der Gabelung zunächst recht steil und etwas rutschig (feines Geröll) zwischen den Latschenfeldern hinab in die kleine Senke vor dem Mittagkopf (1636 m). Ein kurzer Gegenanstieg führt auf den abgeflachten, bewaldeten Buckel. Dahinter biegt der Weg nach Westen um. In dem lichten Wald leitet er, immer wieder kurz flach verlaufend, hinunter zur Bergstation des abgebauten Mühlberg-Sessellifts. Hier stößt man auf eine breite Fahrspur und folgt ihr über zwei Kehren bis zu der beschilderten Abzweigung nach Gießenbach. Auf breitem Ziehweg geht es im Wald flach um das Marendköpfl (1306 m) herum, dann in steilem Zickzack bergab zur Mündung des Gießenbachtals.

Bergwanderungen für Frühaufsteher

6

Von Jachenau auf den Jochberg (1565 m)

Seen, Wälder und Gipfel

■ **Schwierigkeit:**
Leicht
■ **Gehzeit:**
Gesamt 4 Std. 30 Min. (Aufstieg 2 Std. 45 Min., Abstieg 1 Std. 45 Min.)
■ **Höhenmeter:**
780 m
■ **Tourencharakter:**
Gipfeltour mit recht langem Anlauf: 7 km auf Waldstraßen, dann recht kurzer, steiniger Gipfelweg; Abstieg über die Kotalm auf Wegen und Sandpisten
■ **Orientierung:**
Problemlos bis auf die beiden Straßenverzweigungen (siehe Tourenbeschreibung)
■ **Ausgangs-/Endpunkt:**
Jachenau (790 m), Parkplatz an der Großen Laine, direkt unter der Kirche
■ **Anfahrt:**
Von Bad Tölz via Lenggries durch die Jachenau bis zu dem gleichnamigen Bauerndorf; Bus für Spätaufsteher
■ **Karte:**
AV-Karte 1:25 000, Blatt BY 11 Isarwinkel – Benediktenwand
■ **Einkehr:**
Im Sommer auf der Jocher Alm, das ganze Jahr über in Jachenau
■ **Infos:**
Gästeinformation, 83676 Jachenau; Tel. 08043/91 98 91, www.jachenau.de

Viele Voralpengipfel haben freundlicherweise eine Blöße oben, was viel Aussicht garantiert. Das gilt auch für den Jochberg, und der Kontrast zwischen Waldesdunkel und Fernsicht ist natürlich ganz früh am Tag besonders beeindruckend.

Wald- und Almstraßen sind ja nicht unbedingt beliebt beim Wandervolk. Als oft brachiale Eingriffe im Landschaftsbild zerschneiden sie jede Idylle – eine Beleidigung fürs ästhetische Empfinden. Und kaum jemand wandert gerne auf einer vier Meter breiten Sandpiste, die für Riesenlaster der Forstindustrie ausgelegt ist.
Ganz anders verhält es sich aus der Sicht eines Alpen-Nachtwandlers. Er knipst seine Stirnlampe an – und los geht's. Das weiße Band weist den Weg, da kann man sich selbst im nachtdunklen Fichtenwald nicht verlaufen. Außer an den Verzweigungen. Und die sind halt oft nicht beschildert; der Lastwagenfahrer kennt den Weg, und Wanderer sind (tagsüber) auf ihren schmalen Pfaden unterwegs. Am Weg von Jachenau hinauf zur Jocher Alm sind wir prompt eine Abzweigung zu früh nach links abgebogen. Eine gute Viertelstunde später endet die Spur in einer Lichtung, dann hieß es: zurück.
Die Jocher Alm haben wir trotz dieses unfreiwilligen Abstechers gefunden, und da dämmerte es dann auch schon. Kurz vor halb sechs trat die Sonne links neben der Benediktenwand als Feuerball in den gelb-roten Morgenhimmel. Derweil tauchte im Westen der Vollmond hinter der Zugspitze ab – was für ein Schauspiel! Kochel- und Walchensee lagen noch im Schatten, dafür züngelten die ersten Strahlen an den überzuckerten Gipfeln des Karwendels. Ein kräftiger Wind trieb uns immer wieder unter den Grat, sorgte aber auch für glasklare Sicht. Lediglich am Kesselberg entstanden kleine Nebelfetzen, die sich beim »Abstieg« zum Kochelsee aber gleich wieder auflösten.
Das Panorama verdient locker drei Sterne, ist ähnlich jenem vom Herzogstand. Seen und Berge, flaches Land und schroffe Gipfel – so könnte man es umschreiben. Nach Osten hin öffnet sich die grüne, lang gestreckte Talmulde der Jachenau, links überragt von

34

Von Jachenau auf den Jochberg

Morgenfarben am Walchensee; Blick zum Wettersteingebirge

der Benediktenwand (1800 m), dem »Rigi Oberbayerns«. Nicht zu übersehen ist das markante Felsprofil des Guffert (2195 m), im Uhrzeigersinn schließen dann die Karwendelketten an, mit der Birkkarspitze (2743 m) als höchstem Punkt. Rechts des tiefen Mittenwald-Seefeld-Grabens folgt das Wettersteingebirge, dann die Ammergauer Alpen. Interessant ist auch ein Blick ins Flache, hinab auf die riesigen Moore nördlich des Kochelsees. Das heute noch knapp sechs Quadratkilometer große Gewässer – entstanden in der Würmeiszeit durch Ausschürfung des Isar-Loisach-Gletschers – reichte ursprünglich bis in

Bergwanderungen für Frühaufsteher

Links: Da kann man sich nicht verlaufen.

Rechts: Die Sonne kommt und der Mond verschwindet hinter der Zugspitze.

die Gegend von Penzberg, verlandete dann aber durch den Eintrag der Loisach nach und nach.

Natürlich blieben wir eine ganze Weile oben, in unsere gefütterten Jacken gehüllt, die Hände in den Taschen, und schauten zu, wie es Tag wurde, ganz allmählich. Wie Farben sich veränderten, vom glühenden Rot zum bleichen Blau, vom düsteren Grau zum flammenden Gelb. Der Walchensee war beim Anstieg über den Südhang noch ein schwarzer Spiegel, auf den der Vollmond einen gleißenden Streifen pinselte. Beim Abstieg changierte die Farbe des Gewässers dann in tiefes Kobaltblau. Kleine Naturwunder, die großen Eindruck machen.

Der Abstieg zur Kotalm und durch das Tal der Kleinen Laine verläuft im Wechsel auf Wanderwegen und breiten Forstpisten. Die Sonne entfaltet allmählich ihre Maikraft, und mein Magen grummelt vernehmlich. Auf dem Parkplatz von Jachenau endet unsere Frühaufstehertour; die ersten Tageswanderer schnüren gerade ihre Schuhe, machen sich dann auf zum Hirschhörnlkopf oder auf den Jochberg ... Viel Spaß!

Aufstieg Vom Parkplatz in Jachenau (790 m) führt eine Sandstraße neben der Kleinen Laine fast flach zu einer Kreuzung mit Wegweisern. Hier geht's links über den Bach, dann im Wald an der Nordflanke des Psengbergs bergan. Nach etwa einer Dreiviertelstunde passiert man einen Graben (Brücke, 992 m). Gut 200 Me-

Von Jachenau auf den Jochberg

ter weiter gabelt sich die Straße. Hier geht man rechts (Hinweis Kotalm), an der nächsten Verzweigung (nach 300 m) dann links. Im Filzgraben steigt die Sandpiste kontinuierlich an, ehe sie nach rechts umbiegt und die Jocher Alm (1381 m) ansteuert. Rechts geht es an der Almhütte vorbei, dann schräg an dem freien Hang aufwärts, bis man auf den vom Kesselberg ausgehenden Weg stößt (Weidezaun). Er führt in Gratnähe – kurz durch Latschen – zum Gipfelkreuz am Jochberg.

Abstieg Zunächst geht's zurück zur Jocher Alm (1381 m), dann auf schlecht bezeichnetem Weg flach über das feuchte Rotmoos. Dahinter wird es wieder schattig, in Schleifen zieht der Pfad hinunter zur Kotalm (1133 m). Hier wird aus der schmalen Spur eine breite Sandpiste. Man folgt ihr etwa einen Kilometer weit, biegt dann links in den Fußweg ein (Hinweis Jachenau), der neben dem Kotbach im Wald talaus- und abwärts führt. Zuletzt spazieren die Frühaufsteher auf einer Sandstraße zurück nach Jachenau (790 m) und in den Morgen hinein.

Mondlicht über dem Walchensee

Bergwanderungen für Frühaufsteher

7 Aufs Brauneck (1555 m)

Morgenstille am Seilbahnberg

■ **Schwierigkeit:**
Leicht
■ **Gehzeit:**
Gesamt 4 Std. (Aufstieg 2 Std. 30 Min., Abstieg 1 Std. 30 Min.)
■ **Höhenmeter:**
840 m
■ **Tourencharakter:**
Verhältnismäßig kurze Gipfeltour, abschnittweise steile Wege
■ **Orientierung:**
Problemlos; Sandstraße bis zur Garlandalm, dann Wanderweg
■ **Ausgangs-/Endpunkt:**
Talstation der Brauneck-Seilbahn (720 m)
■ **Anfahrt:**
Von München via Bad Tölz nach Lenggries, im Ort rechts über die Isar und zur Talstation der Brauneck-Seilbahn
■ **Karte:**
AV-Karte 1:25 000, Blatt BY 11 Isarwinkel – Benediktenwand
■ **Einkehr:**
Brauneckhaus (1540 m), ganzjährig bewirtschaftet; Tel. 08042/87 86, www.bruneckgipfelhaus.de
■ **Infos:**
Gästeinformation, Rathausplatz 2, 83661 Lenggries; Tel. 08042/50 18-0, www.lenggries.de

Das Brauneck ist vor allem Skifahrern und Ausflüglern ein Begriff. Hier gibt es mehr Straßen und Pisten als Wanderwege, dazu eine Seilbahn für Aufstiegsfaule. Frühaufstehern beschert der Gipfel bei schönem Wetter ein faszinierendes Naturschauspiel.

Es ist kurz nach drei. Nicht etwa drei Uhr nachmittags, sondern drei in der Nacht. Und es ist dunkel, oder genauer: finster, stockfinster. Trotz all der Sterne am Himmel und einer mageren Sichel, die irgendwo am südöstlichen Firmament hängt. Gut, dass Autos Rücklichter haben. In ihrem Schein werden die Schuhe geschnürt, die Stirnlampen ausgepackt, der Rucksack geschultert. Wir wollen in den Tag hineinwandern, eines der großen Wunder der Bergwelt erleben: wenn es licht wird. Das geht in unseren Breitengraden bekanntlich eher langsam, und wir möchten die Sonne oben, am Brauneckgipfel begrüßen.

Es ist kühl, aber nicht kalt: Juni. Ich suche nach dem Anfang unseres Weges – er muss doch hier irgendwo sein –, entdecke eine Tafel: Brauneck 3 Std. Wenige Schritte weiter sind es dann nur noch 2 Std. 30 Min. Wir rechnen mit weniger als zwei Stunden, kennen den Aufstieg, wissen auch, dass er recht steil ist. Das Licht der beiden Minilampen tanzt über das schotterige Straßenstück vor unseren Füßen. Rechts ragen Holzpfähle hoch in den Himmel, nur schemenhaft sichtbar. Totempfähle? Nein, ein Hochseilgarten. Wenig weiter bimmelt es in der Wiese: ein paar Kühe.

Unser Weg steigt kontinuierlich an, beschreibt ein paar Serpentinen. Der Jagdhoch-

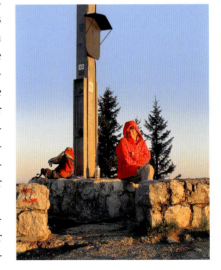

Morgensonne am Brauneckgipfel

Aufs Brauneck

Erstes Sonnenlicht am Brauneckhaus; am Horizont die Karwendelgipfel

sitz links neben der Piste entpuppt sich bei genauerem Hinsehen als Schneekanone. Es ist ganz still, nur unsere Schritte verursachen ein rhythmisches Geräusch: knirsch, knirsch. Im Osten verblassen die Sterne allmählich, der Himmel verfärbt sich zart rötlich und drunten im Isartal gehen manche Lichter an, andere aus. Weitere Schneekanonen links und rechts. Die breite Schotterpiste ist im Winter Skiabfahrt, und für eine ausreichende weiße Unterlage sorgt der Mensch, lässt es schneien mit großem Einsatz von Wasser und Energie. Das Wasser soll demnächst ein zwei Fußballfelder großer Speichersee im Bereich der Garlandalm liefern …

Es wird langsam heller, ich schalte die Stirnlampe aus. Die ersten Vögel begrüßen den Tag und bald zwitschert es vielstimmig. Kein Mensch weit und breit – klar, so kurz nach vier Uhr morgens. Der neu trassierte Wanderweg quert die Garlandpiste, steigt dann über ein

Immer wieder ein Erlebnis: ein Sonnenaufgang oben am Berg. Ganz rechts am Horizont der Wendelstein

paar Schleifen hinauf zu dem schon lange sichtbaren, modernen Baukomplex der Brauneck-Bergstation. Uns interessieren die Berge am südlichen Horizont mehr: Rofan, Karwendel und Wetterstein im Schattengrau der Morgendämmerung, fahler Schnee auf den Gipfelhäuptern. Ein paar Schritte noch, vorbei am Brauneckhaus, wo der Tag offenbar noch nicht begonnen hat, hinauf zum Kreuz am Gipfel: 1554 Meter über dem Meeresspiegel und fast 900 Meter über der Isar. Wir setzen uns auf das Rundmäuerchen, trinken einen Schluck, ich ziehe mir den Fleece-Pulli über, Hildegard ihre Jacke.

Dann taucht sie auf, die Sonne. Zuerst nur ein gleißender Punkt, der rasch zur Kugel anwächst, dann aus dem Dunkel hinaufsteigt in das satte Morgenrot. Was für ein Schauspiel, immer wieder! Die Karwendelketten bekommen zunehmend Profil, auch Farbe, ein dunkles Rot überzieht den Fels. Hildegard räkelt sich, zieht die Schultern hoch: Es ist kühl, ein bisschen windig auch. Im Brauneckhaus ist jemand aufgestanden, sieht sich das Naturschauspiel ebenfalls an, wir winken uns zu.

Es ist Freitag und bald sechs Uhr. Drunten in Lenggries wird Kaffee gekocht, Zeitungen werden gelesen und Kinder geweckt, Motoren springen an: ein Tag wie jeder andere. Für uns nicht, für uns ist es ein ganz besonderer, einer, der mit starken Eindrücken und einer kleinen Anstrengung begonnen hat. Eine Achteldrehung unseres Planeten haben wir draußen in der Natur erlebt: von der Nacht in den Tag wandernd. Jetzt scheint die Sonne, doch die Schatten sind immer noch lang. Auch jener, den der Bagger neben der Seilbahnstation wirft. Erst in gut zwei Stunden wird der Betriebsleiter im Tal ein paar Schalter umlegen, wird Strom fließen, das Endlosseil sich auf die Reise machen. Die ersten Ausflügler besteigen dann ihre Kabine, die klinkt sich ein ins Seil und schaukelt hinauf zum Brauneck. Es wird fleißig geknipst für die Nachwelt, die kleine Anna knabbert an ihrem Riegel, Papa sortiert die Wanderstöcke.

Da sind wir schon unten im Tal, an diesem Freitag im Juni. Die Vögel zwitschern immer noch, auch der Zilpzalp ist mittlerweile aufgewacht. Die Schneekanonen wirken wie moderne Skulpturen, deren Sinn sich nur dem Künstler erschließt; da und dort ist die Haut des Berges verletzt, aufgerissen. Rundum grünt es üppig; sogar mitten in der Abfahrtsschneise blüht ein Enzian, und in den Drainagen, die das Regenwasser ableiten sollen, leuchten eigelb Sumpfdotterblumen. In gut einem halben Jahr – ich träume vor mich hin – werden die Bäume längst ihre Blätter verloren haben, liegt (Kunst?)Schnee auf der Wiese, und das Thermometer zeigt Minusgrade. Dann ist das Brauneck wieder der wichtigste Wirtschaftsfaktor von Lenggries – ein Märchen in Weiß. Die Kunstschneemaschinen stehen teilnahmslos am Pistenrand, die weiße Pracht deckt alle Narben zu, und Weggeworfenes oder Verlorenes – von der Sonnenbrille bis zur Aludose – wird erst nach der Saison wieder auftauchen.

»Schön, so ein Sommermorgen«, sagt Hildegard, »mit Sonnenaufgang am Gipfel. Und ganz allein.« Ich habe Hunger, freue mich auf das späte Frühstück.

Aufstieg Vom großen Parkplatz der Brauneck-Seilbahn führt eine Sandstraße über den Wiesenhang bergan. In mehreren steilen Kehren gewinnt sie an den nach Südosten gerichteten Hängen des Kogelbergs rasch an Höhe. Oberhalb der Garlandalm wird aus der breiten Fahrspur ein Wanderweg, der sich – teilweise neu trassiert – hinaufwindet zur Bergstation der Brauneckbahn (1520 m). Keine zehn Minuten später ist man oben am Gipfelkreuz.

Abstieg Normalerweise auf dem Anstiegsweg. Natürlich kann man auch den Weg zur Benediktenwand (etwa 3 Std. 30 Min.) nehmen oder über einen der südseitigen Wege bzw. Straßen nach Lenggries absteigen.

Eine Versuchung für Genießer: die Lenggrieser Vinothek

Es soll ja auch Genießer unter den Bergsteigern geben, die hartes Brot, ein Stück Speck und einen Schluck aus der Wasserflasche nicht für einen kulinarisch-lukullischen Höhenflug halten. Für jene, die ihrem Gaumen gerne etwas gönnen, von einem guten Tropfen oder einem ausgesuchten Käse genauso schwärmen können wie von einer tollen Gipfeltour, ist die Lenggrieser Vinothek genau die richtige Anlaufstelle – vielleicht sogar nach einer Wanderung im Isarwinkel. Sie bietet ein überwältigendes Angebot an Weinen, bis hin zu den Spitzenerzeugnissen aus den klassischen Weinländern, dazu passend Feinkost in schöner Auswahl – ich kann's bestätigen … Stefan Berger und sein Team freuen sich auf Ihren Besuch. Lenggrieser Vinothek, Karl-Pfund-Weg 8, 83661 Lenggries; Tel. 08042/87 49, www.worldwidewine.de.

Bergwanderungen für Frühaufsteher

8

Kleiner Ahornboden (1399 m) und Falkenhütte

Eine Herzkammer des Karwendels

■ **Schwierigkeit:**
Leicht
■ **Gehzeit:**
Ahornboden 4 Std. 30 Min. (Aufstieg 2 Std. 45 Min., Abstieg 1 Std. 45 Min.); Aufstieg vom Kleinen Ahornboden zur Falkenhütte 1 Std. 30 Min.
■ **Höhenmeter:**
Kleiner Ahornboden 440 m, Falkenhütte 890 m
■ **Tourencharakter:**
Gemütliche Talwanderung ohne ruppige Steigungen; Aufstieg über die Sandstraße, Abstieg teilweise auf einem Wanderweg; großartige Kulisse am Kleinen Ahornboden, prächtiger Baumbestand; mit Aufstieg zur Falkenhütte fast schon ein Tagespensum, Abstieg durchs Laliderer Tal oder zur Eng möglich
■ **Orientierung:**
Breite Sandstraße bis zum Großen Ahornboden, rege begangener Weg zur Falkenhütte
■ **Ausgangs-/Endpunkt:**
Wanderparkplatz (958 m) an der Straße in die Eng, gegenüber der Mündung des Johannestals, 3 km von Hinterriß entfernt; bei einem Abstieg durchs Laliderer Tal endet die Tour an der Rißtalstraße (Bus), der Weiterweg übers Hohljoch führt in die Eng

Im Gegensatz zum Großen Ahornboden erreicht man den Kleinen nur unmotorisiert, was dem Platz sehr gut getan hat. Dass eine Sandpiste hinaufführt, sorgt zwar für regen Bikerverkehr, eröffnet aber auch die Möglichkeit, hier nach gut zwei Wanderstunden einen wunderbaren Sonnenaufgang zu erleben. Anschließend kann man weiter zur Falkenhütte aufsteigen, zum zweiten Frühstück vor der Kulisse der Laliderer Wand.

Keine Frage, der Kleine Ahornboden gehört zu den Highlights des Karwendels, und im Gegensatz zum Großen atmet er – vor allem früh am Tag – noch etwas von dem urigen Charme der Er-

Die Laliderer Wand, gesehen vom Kleinen Ahornboden

schließungszeit, als Hermann von Barth zu seinen Gipfelstürmereien aufbrach. Er stand als erster Tourist auf der Birkkarspitze (2743 m), dem höchsten Berg des Gebirges, im gleichen Jahr 1870 auch auf der Kaltwasserkarspitze (2733 m), der Moserkarspitze (2533 m) und auf der Bockkarspitze (2589 m). Sie bilden den grandiosen Abschluss des Johannestals, rechts flankiert vom Schlauchkarkopf (2500 m), links von der Laliderer Spitze (2588 m). Und nach Osten hin schließt sich das bekannteste Kletterrevier des Karwendels an, die Laliderer Wand. Sie war lange Jahre das Revier von Hias Rebitsch, dem hier mehrere spektakuläre Erstbegehungen gelangen, so 1947 mit seinem Seilpartner Franz Lorenz die Nordwestverschneidung, eine Tour, die mit dem Schwierigkeitsgrad VI+ der Alpinskala bewertet wird. Zum Vergleich: Die Comici-Nordwandroute an der Großen Zinne gilt als Route im VI. Grad.

■ **Anfahrt:**
Von München via Bad Tölz und Lenggries ins Rißtal, ab Hinterriß noch 3 km bis zum ausgeschilderten Parkplatz am Rißbach
■ **Karte:**
Kompass 1:50 000, Blatt 26 Karwendelgebirge
■ **Einkehr:**
Hinterriß, an der Rißtalstraße, Falkenhütte, Engalm
■ **Infos:**
Alpenpark Karwendel, www.karwendelpark.org

Von all den schönen Mauern und Graten ist morgens um fünf noch nichts zu sehen, bloß Sterne über uns und keine dort, wo Felsen in den Himmel ragen.

Ich schultere meinen Rucksack, schalte die Stirnlampe an – und los geht's. Der Weg führt zunächst nach Osten, erst flach, bevor er dann doch ansteigt (»Sind wir richtig?«). Noch vor dem Falkenkar befreit uns eine Rechtskehre von der unausgesprochenen Sorge, im Dunkeln etwas übersehen zu haben und der falschen Fährte zu folgen. Irgendwo vor uns muss die Mündung des Johannestals sein, und ganz hinten stehen die schönsten Gipfel des Karwendels. Nach sanftem Zwischenabstieg geht's auch wirklich taleinwärts, die Falken zur Linken und schemenhaft vor uns eine gewaltige

43

Bergwanderungen für Frühaufsteher

Im Herbst verfärben sich die Blätter der Bergahorne golden.

Mauer mit der Kaltwasserkarspitze mittendrin. Von unserem Wintergartenfenster zu Hause aus kann man sie sehen, genau fünfzig Kilometer weit weg. Jetzt sind's gerade noch vier, und aus dem fernen Gipfeldreieck am Alpenhorizont ist ein markanter Felsgipfel geworden, der über seinem nordseitigen Stützpfeiler in den Himmel ragt. An ihm verlöschen nach und nach die klitzekleinen Lichter. Im Osten wird es schon heller, wir beschleunigen unseren Schritt unwillkürlich ein wenig, möchten halt oben sein am Ahornboden, wenn die ersten Sonnenstrahlen an den Graten und Gipfeln züngeln.

»Von der Nacht in den Tag«, denke ich, das ist mehr als nur Wandern bei wechselnden Lichtverhältnissen. Diese Frühaufstehertouren vermitteln auch immer wieder eine ganz neue Sicht auf schon lange bekannte Berge.

Zum Kleinen Ahornboden Der »Nachtzustieg« führt nicht direkt ins Johannestal, sondern vom ausgeschilderten Wanderparkplatz als breite Sandpiste zunächst neben dem Rißbach dahin. Erst nach gut einem halben Kilometer beginnt er an dem bewaldeten Nordhang anzusteigen, noch mal 500 Meter weiter folgt eine Kehre. Geradeaus geht's zur Mündung des Falkenkars, rechts, erst mit Höhengewinn, dann flach und schließlich sanft bergab, ins unterste Johannestal. Man überquert den stiebenden Bach und folgt der Straße hinein in den von mächtigen Felsmauern begleiteten Graben. Hinter der Schwarzlackenhütte (1204 m) beschreibt sie ein paar Schleifen, gewinnt so die Höhe und führt an den Rand des Kleinen Ahornbodens (1399 m). An der Verzweigung hält man sich rechts; ein Stück weiter taleinwärts steht das Denkmal für Hermann von Barth, Freiherr von und zu Harmating. Was für eine Idylle: Auf dem flachen Boden stehen knorrige Bergahorne, von denen manche ein paar hundert Jahre alt sein dürften; darüber thronen die Gipfel der Karwendel-Hauptkette.

Zur Falkenhütte Unweit vom Barth-Denkmal weist ein Schild an der Sandstraße zur Falkenhütte. Der Weg steigt im Sauißwald sanft an, mündet dann in die Zufahrt zur Ladizalm (1573 m). Hinter der Alm geht's auf breiter Schotterspur weiter bergan ins Spielissjoch (1773 m) zum Übergang ins Laliderer Tal. Dabei rücken die schroffen Nordabstürze der Laliderer Spitze immer näher.

Karwendelhaus

Vom Kleinen Ahornboden (1399 m) kann man auf einem markierten Wanderweg durch das Unterfilztal zum Hochalmsattel (1803 m) aufsteigen. Hinter der Wasserscheide liegt am Fuß des Hochalmkreuzes (2192 m) das Karwendelhaus (1771 m), 2 Std. vom Ahornboden und Stützpunkt für die Besteigung des höchsten Karwendelgipfels, der Birkkarspitze (2749 m). Die Hütte ist auch ein beliebtes Bikerziel; die meisten kommen von Scharnitz durch das Karwendeltal herauf.

Kleiner Ahornboden und Falkenhütte

Zehn Gehminuten über der Scharte thront die Falkenhütte (1848 m) – was für ein herrlicher Platz vor der Laliderer Wand!

Abstieg Er führt zunächst auf dem Anstiegsweg hinunter zur Verzweigung unterhalb der Ladizalm. Hier bleibt man auf der Straße, die links vom Ladizgraben in Kehren hinabzieht zum Rand des Kleinen Ahornbodens. In einer Rechtskehre verlässt man die Sandpiste und folgt dem markierten Weg, der ein gutes Stück weit am Hang oberhalb der Straße verläuft und Aussicht auf die Westabstürze des Rißer Falk (2413 m) bietet. Hinter der Brücke über den Johannesbach geht's auf der alten, für Biker gesperrten Zufahrt geradeaus. Die Strecke verläuft direkt über der wilden Mündungsklamm des Tals, ist an einigen Stellen abgerutscht, ganz schmal und deshalb für Radler (und Nachtwanderer!) gefährlich. Beim Parkplatz treffen Auf- und Abstiegsweg wieder zusammen.

Die Felsen über dem Kleinen Ahornboden im frühen Morgenlicht; rechts die Birkkarspitze

Bergwanderungen für Frühaufsteher

9 Durchs Laliderer Tal
Zu den berühmten Karwendel-Kletterwänden

■ **Schwierigkeit:**
Leicht
■ **Gehzeit:**
Gesamt 3 Std. 30 Min. (Aufstieg 2 Std., Abstieg 1 Std. 30 Min.)
■ **Höhenmeter:**
570 m
■ **Tourencharakter:**
Talwanderung auf einer Sandstraße
■ **Orientierung:**
Problemlos
■ **Ausgangs-/Endpunkt:**
Parkplatz (1020 m) an der Straße in die Eng
■ **Anfahrt:**
Von München via Bad Tölz und Lenggries ins Rißtal, ab Hinterriß noch 7 km bis zum ausgeschilderten Parkplatz am Rißbach
■ **Karte:**
Kompass 1:50 000, Blatt 26 Karwendelgebirge
■ **Einkehr:**
Einkehrmöglichkeiten nur im Rißtal
■ **Infos:**
Alpenpark Karwendel, www.karwendelpark.org

Auf der Fahrt in die Eng gibt's nur einen kurzen Blick durchs Laliderer Tal auf jene Felsphalanx, an der Klettergeschichte geschrieben wurde. Eine gemütliche Talwanderung führt ganz nahe an die Laliderer Wand heran – besonders schön ganz früh am Tag.

Manchmal reicht ein einziges Bild, um einen Bergtag unvergesslich zu machen. Vor allem dann, wenn man dieses Sujet auf dem Weg ins Licht beobachten und bestaunen darf. Die Wanderung ins Laliderer Tal ist so eine Unternehmung, die sich ganz auf ein Motiv fokussiert: die Laliderer Wand. Sie beherrscht den Talhintergrund, baut sich wie eine ideale Theaterkulisse über den Almböden auf. Was für ein Bild!

Die berühmteste Kletterwand des Karwendels: die Laliderer

Zwei Kilometer breit und rund 700 Meter hoch ist die teilweise senkrechte Mauer, deren Eckpfeiler die Dreizinkenspitze (2603 m) und die Laliderer Spitze (2588 m) bilden – fast schon Dolomitenformat. Nur logisch, dass diese steinerne Herausforderung schon bald die besten ostalpinen Kletterer in ihren Bann zog. Erstmals durchstiegen wurde sie im Sommer 1911 von einer österreichisch-italienischen Viererseilschaft. Angelo Dibona und Luigi Rizzi bezwangen die Wand zusammen mit den Brüdern Mayer auf einer Route, die noch heute mit dem Schwierigkeitsgrad V der Alpenskala bewertet wird. Noch ein ganzes Stück anspruchsvoller ist die Nordwestverschneidung der Laliderer Spitze, von Mathias Rebitsch und Franz Lorenz 1947 eröffnet: VI+. Rebitsch, 1911 im Tiroler Brixlegg geboren, war ein kluger, vielseitig interessierter Kopf, der seine Leistungen im Fels durchaus richtig einzuordnen wusste. Nach einem gescheiterten Versuch in der Laliderer Nordwand beschrieb er den Rückzug zweier Geschlagener sehr anschaulich, aber ohne verkrampften Blick auf den Fels: »Er [Sepp Spiegl] hatscht auf Latschenkrücken und ich trag die verbundene Hand in einer Schlinge; sie lag den ganzen schönen Herbst im

Bergwanderungen für Frühaufsteher

Falkenhütte / Eng

Von der Lalidersalm kann man die Wanderung zur Falkenhütte (1848 m) bzw. zum Hohljoch (1794 m) fortsetzen. Abstieg dann ins Johannestal oder in die Eng, 3 bzw. 2 Std. Fahrplan der RVO-Buslinie Bad Tölz – Lenggries – Rißtal – Eng über www.lenggries.de.

Im Rißtal startet und endet die Wanderung ins Laliderer Tal.

Gips. Und zwei Rucksäcke hab ich am Buckel und eine stille Wut im Bauch. Die Wand, sie wäre so trocken jetzt.

Ein sonnig klarer Herbsttag wird's. In der kühlen Luft liegt der erfrischend säuerliche Gärungsgeruch welkender Blätter und Beeren. Und alle Grashalme und das gelbe Laub der Ahorne leuchten im flachen Gegenlicht wie pures Gold. Blauverschattet ragt die vertraute Riesenmauer hinter braunen, warmen Almböden auf. Ich hadere schon nicht mehr mit dem Geschick wegen dieser Wand. Sie wird unwichtiger, je weiter wir davonhumpeln. Es war einfach ein Abenteuer im Fels gewesen. Und ihre Schwierigkeit? Ob es wirklich ein Sechser war, das ist mir gleichgültig. Es war jedenfalls leichter, als wir vorher angenommen hatten. Und die Stärke eines Bergerlebnisses ist keineswegs durch den Schwierigkeitsgrad bestimmt. Wir stapfen langsam über den Hochalmsattel

nach Scharnitz hinaus. Verkrampfter sportlicher Geltungsdrang löst sich, und unser Denken kommt aus dem engen Bannkreis der Nur-Wände, Griffe und Haken heraus, in den man sich unbewußt nur hineinsuggeriert. Und immer tiefer empfinden wir dafür das Bild der verlassenen Almen, des sterbenden Hochwaldes, die Farbensymphonie des herbstlichen Karwendels – den Berg! Andere Werte als nur der VI. Grad bekommen wieder Gewicht für uns, andere Lebensziele, reifere, schieben sich vor. […] Es wird mich auch auf die alten Tage noch in seine Täler hineinziehen – auch nur um zu wandern, im Gras zu liegen und zu schauen …«

Auch wir schauen, nur kommen wir aus dem Rißtal herauf, nicht aus der Wand herab, die sich so gewaltig vor uns aufbaut. In dem kleinen Almdörfchen von Laliders findet sich eine Bank mit Blick in die Senkrechte. Es ist Tag geworden, die warmen Farbtöne sind einem kalten Grau gewichen, doch die tief stehende Sonne zeichnet noch immer ein klares Relief in die Mauer. Einige der Kletterklassiker lassen sich in ihrem logischen Verlauf fast mühelos verfolgen: die Nordverschneidung von Rebitsch und Lorenz (1947), die Dibona-Mayer-Führe gleich links davon und die Nordkantenroute an der Laliderer Spitze (Otto, Christian und Paula Herzog, 1911; IV+). Klettergeschichte, alpine.

Schatten im Tal, erste Sonne über den Gipfeln

Aufstieg Die Talwanderung beginnt am Parkplatz (ca. 1020 m), führt dann auf dem alten Almweg gleich kräftig bergan. Nach zehn Minuten mündet links die neue Sandstraße. Sie führt hinein ins Tal, erst sanft ansteigend, dann kurz über eine Schleife wieder etwas an Höhe verlierend. Beim Gumpenalm-Niederleger überquert man den Laliderer Bach; im Talschluss zeigt sich jetzt die große, berühmte Wand. Sie bleibt absoluter Blickfang beim Weiterweg bis zur Lalidersalm (1526 m).

Abstieg Auf dem Anstiegsweg.

10 Zur Lamsenjochhütte (1953 m)

Karwendel-Herrlichkeit

■ **Schwierigkeit:**
Leicht
■ **Gehzeit:**
Gesamt 5 Std. (Aufstieg 2 Std. 30 Min., Abstieg 2 Std. 30 Min.)
■ **Höhenmeter:**
920 m
■ **Tourencharakter:**
Einfache Bergwanderung, zur Binsalm Sandstraße, bis unters Westliche Lamsenjoch Traktorspur; Abstieg von der Drijaggenalm bei Nässe ziemlich rutschig
■ **Orientierung:**
Problemlos
■ **Ausgangs-/Endpunkt:**
Eng (1203 m), großer Parkplatz, für Spätaufsteher auch Bus ab Bad Tölz/Lenggries
■ **Anfahrt:**
Von Bad Tölz via Lenggries und Vorderriß ins Rißtal, weiter über Hinterriß bis zum Straßenendpunkt in der Eng. Achtung: Im Rißtal ist in der Nacht und während des frühen Morgens viel Wild unterwegs.
■ **Karte:**
Kompass 1:50 000, Blatt 26 Karwendelgebirge
■ **Einkehr:**
Lamsenjochhütte, Mitte Juni bis Mitte Oktober geöffnet; Tel. +43/5244/620 63, www.lamsenjoch.at. Binsalm, Mitte Mai bis Ende Oktober geöffnet; Tel. +43/5245/214, www.binsalm.at
■ **Infos:**
Alpenpark Karwendel, www.karwendelpark.org

Die Hütte am Östlichen Lamsenjoch ist für viele bloß Station am Weg zur Lamsenspitze; Frühaufstehern wird sie zum lohnenden Wanderziel, vor allem, wenn man den Rückweg über die Drijaggenalm nimmt.

Manchmal verraten Namen ja einiges über den Charakter einer Örtlichkeit: Längental, Breitenstein, Gamsjoch. Manchmal auch nicht. Und gelegentlich führen sie in die Irre. Wie bei der Eng mit ihrem großen, flachen Boden. Zwar sind die Bergflanken links wie rechts sehr steil, und die Karwendel-Hauptkette mit der dominierenden Spritzkarspitze bildet im Süden eine geschlossene Felsfront, doch der vergleichsweise niedere Übergang des Hohljochs relativiert den Eindruck von bedrückender Enge ganz erheblich. Eng wird es trotzdem gelegentlich in dieser traumhaft schönen Herzkammer des Karwendels, an manchen Wochenenden nämlich, wenn ein stabiles Hoch für viel Sonnenschein und sommerliche Temperaturen sorgt. Dann verwandelt sich die schmale, gewundene Talstraße in einen »highway to paradise«, und da wollen ja alle hin …

Es ist Montag, vier Uhr gerade vorbei, als wir in der Eng ankommen. Niemand da, bloß zwei, drei (enge) Wohnungen auf Rädern stehen auf dem Parkplatz. Wir schnüren unsere Schuhe, knipsen die Stirnlampen an und machen uns auf den Weg. Der führt zunächst zum Almdorf, wo es genauso still ist wie auf dem Parkplatz. Die Milchstraße schaut auf uns herab, und ich stelle mir vor, wie die Nachtseite unseres Planeten in den Weltraum strahlt. Die Eng hüllt sich (noch) ins Dunkel der Nacht, ihre eindrucksvolle Felskulisse ist konturlos schwarz. »Binsalm offen«, verrät ein weißes Blatt, an einen Zaunpfahl geheftet. Offen vielleicht schon, aber garantiert noch nicht wach. Eine Dreiviertelstunde später tauchen Gasthaus und Almhütten aus dem schwachen Dämmerlicht auf. Nichts rührt sich, als wir vorbeigehen und bei der kleinen Kapelle kurz innehalten. Vieh ist noch keines auf der Alm, es ist ja auch erst Mai. Vor zwei Tagen hat es geschneit, etwas von dem Weiß liegt noch in Rinnen und auf Felsabsätzen über uns. Langsam

Zur Lamsenjochhütte

wird es Tag, schon züngeln die ersten Sonnenstrahlen an der Lamsenspitze; der graue Kalk beginnt golden zu leuchten. Oben am Westlichen Lamsenjoch ist der Tag dann endgültig angekommen; mildes Licht liegt über dem Falzthurntal. Wir spazieren hinüber zur Lamsenjochhütte, die noch ihre Winterruhe hält.

»Hast du gewusst«, frage ich Hildegard, die gerade nach ein paar Gämsen unter den Gipfelfelsen der Lamsenspitze guckt, »dass vor vierzig Jahren eine Touristenstraße über das Lamsenjoch geplant war?« Sie hätte Pertisau am Achensee mit der Eng verbinden sollen, doch das Projekt landete bald wieder in der Schublade – der Widerstand, vor allem auf bayerischer Seite – war dann doch zu heftig. So beginnen die Jochwanderungen und Gipfeltouren auch im 21. Jahrhundert noch drunten im Tal, auf der Gramaialm oder in der Eng.

Ein mächtiger Bergstock: die Lamsenspitze

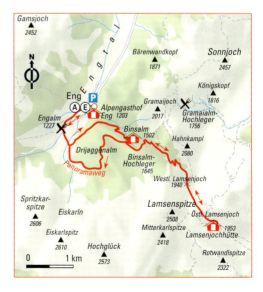

Draußen ist es noch dunkel. Im Stall wird gemolken.

Letztere haben wir auf dem Rückweg nicht direkt angesteuert; ein gelbes Schild auf der Binsalm mit der Aufschrift Panoramaweg hat uns zu einem kleinen Seitensprung verführt. Der Gegenanstieg ist nur kurz, die Aussicht von der Drijaggenalm umso grandioser. Damit man den Blick über die Felskulisse der Eng auch richtig genießen kann, hat der Tourismusverein hier zwei Holzbänke aufgestellt. Danke!

Die Sonne stand schon hoch am Himmel, als wir nach ausgiebiger Rast an diesem »himmlischen« Platz in der Eng einliefen. Und da war's dann wirklich ziemlich eng, auf dem Weg zum Almdorf, in den Wirtschaften und auf dem Parkplatz …

Aufstieg Die Frühaufsteher-Wanderung führt zunächst flach zur Engalm (1227 m), dann links über den Enger-Grund-Bach und an dem steilen, bewaldeten Hang bergan. Nach einer Stunde ist die Binsalm (1502 m) erreicht. Halblinks erhebt sich der Hahnkampl (2080 m), rechts die Lamsenspitze (2508 m) über mächtigen Felsfluchten. Die raue Traktorspur tangiert den Binsalm-Hochleger und steuert dann die zwischen den beiden Gipfeln eingelagerte Senke des Westlichen Lamsenjochs (1940 m) an. Beim Weiterweg, der mit leichtem Auf und Ab quer durch die Nordostflanke der Lamsenspitze verläuft (Vorsicht: Steinschlaggefahr), bieten sich stimmungsvolle Tiefblicke ins Falzthurntal. Genau östlich steht der Rauhe Knöll (2278 m), der mit seinen zerfurchten Steilflanken

---

Naturparkhaus Hinterriß

Viel Interessantes über den Naturpark Karwendel, seine Geologie, Vegetation und Tierwelt, die Menschen und die Natur in Geschichte und Gegenwart, erfährt man bei einem Besuch des modernen Naturparkhauses. Es ist von Mai bis Oktober 9–17 Uhr geöffnet; Tel. +43/5245/289 14, www.karwendel.org.

seinem Namen alle Ehre macht. Am Östlichen Lamsenjoch steht die stattliche, mit Holzschindeln verkleidete Lamsenjochhütte (1953 m). Von diesem AV-Haus brechen Gipfelstürmer zur Lamsenspitze und zum Hochnissl (2547 m) auf.

Abstieg Auf dem Hinweg geht's über das Westliche Lamsenjoch zurück zur Binsalm (1502 m). Hier biegt man (Wegweiser) in den Panoramaweg ein, der ansteigend zur Drijaggenalm (1620 m) und zur großartigen Aussicht fast einen halben Kilometer über der Eng führt. Absoluter Blickfang ist die Spritzkarspitze (2606 m) mit ihrem markanten Nordgrat; über dem grünen Teufelskopf (1978 m) schaut im Westen der höchste Karwendelgipfel, die Birkkarspitze (2749 m), ins schöne Bild.

Der weitere Abstieg beginnt mit einer längeren Querung, dann geht's in vielen Schleifen an dem licht bewaldeten Hang bergab. Drunten im Tal stößt man auf die Binsalmstraße. Links geht es zur Engalm und mit den vielen Ausflüglern hinaus in die Eng (1203 m), wo sich der Parkplatz allmählich füllt.

Morgenlicht über dem Lalidersalm-Hochleger. Rechts Kaltwasserkarspitze und Birkkarspitze.

11 Zum Plumssattel (ca. 1660 m)

Herbsttour für Naturfreunde

- **Schwierigkeit:**
Mittel
- **Gehzeit:**
Gesamt 5 Std. 30 Min. (Aufstieg 2 Std. 30 Min., Hangweg 1 Std., Abstieg 2 Std.)
- **Höhenmeter:**
780 m
- **Tourencharakter:**
Hütten- und Höhenwanderung im Vorkarwendel, sehr aussichtsreich; im Herbst Hirsche und Gämsen
- **Orientierung:**
Anstieg zum Plumssattel auf einer Sandstraße, dann markierte Wege
- **Ausgangs-/Endpunkt:**
Parkplatz an der Straße in die Eng (ca. 1120 m), 11 km von Hinterriß entfernt
- **Anfahrt:**
Von München via Bad Tölz und Lenggries ins Rißtal, via Hinterriß weiter zum ausgeschilderten Parkplatz
- **Karte:**
Kompass 1:50 000, Blatt 26 Karwendelgebirge
- **Einkehr:**
Plumsjochhütte, Mai bis Oktober geöffnet; Tel. +43/5243/54 87
- **Infos:**
Alpenpark Karwendel, www.karwendelpark.org

Die Höhen nördlich über dem inneren Rißtal gelten als besonders schöne Aussichtsbalkone, der Kompar als ein Panoramaberg erster Klasse. Zusammen mit dem Sonnenaufgang am Plumssattel ergibt das eine Wanderrunde, die kaum Wünsche offen lässt.

Bereits während der Anfahrt durchs Rißtal röhrt es unmelodisch aus den Wäldern: Hirschbrunft. Hildegard meint, ich solle etwas langsamer fahren. Trotzdem reagiere ich fast zu spät, als zwei brünftige Hirsche plötzlich im Scheinwerferlicht auftauchen und in wilder Jagd die Straße queren. Nichts passiert, glücklicherweise.

Es ist Herbst im Karwendel. Wir wollen zum Plumssattel und dann den schönen Höhenweg hinüber zum Kompar begehen. Die Bäume haben sich schon verfärbt, und hoher Luftdruck verspricht das passende Tiefblau am Firmament zu all den vielen Gelb-, Rot- und Grüntönen im Laub und an den Nadeln. Wanderzeit, auch für Frühaufsteher. Und Mitte Oktober muss man nicht mehr ganz so früh aus den Federn, um einen stimmungsvollen Sonnenaufgang zu erleben.

»Wie viele Hirsche gibt's wohl im Karwendel?«, frage ich mich selbst. Hildegard weiß es auch nicht. »Tausend?« In der Schweiz, wo sie um die Mitte des 19. Jahrhunderts fast ausgerottet waren, leben heute über 25 000 Hirsche, habe ich irgendwo gelesen, auch, dass man in Tirol den Bestand deutlich reduzieren will. Die mächtigen Tiere – ein ausgewachsener Hirsch kann über 200 Kilogramm schwer werden – richten im Wald erhebliche Schäden an. Während der Brunft attackieren sie auch Baumstrünke und Büsche, reiben sie sich an jungen Bäumen. In dieser Zeit (Mitte September bis Mitte Oktober) nimmt ein Hirsch kaum Nahrung zu sich, weshalb er bis zu einem Viertel seines Gewichtes verliert. Konkurrenzkampf und Paarung bedeuten Stress total für die männlichen Tiere.

»Hörst du?«, fragt Hildegard, während wir unsere Bergschuhe binden. Ja, aus dem Dunkeln röhrt es vernehmlich. Mich fröstelt

es ein wenig – die Nächte im Oktober sind halt nicht mehr sommerwarm. Der Rucksack wärmt am Buckel, Hildegard hat sich eine Wollmütze übergezogen. Los geht's!

Nach wenigen Minuten sind wir auf »Betriebstemperatur«. Es geht bergan, nicht sehr steil, aber kontinuierlich. Die Straße zum Plumssattel quert den Sulzgraben und windet sich dann in ein paar Schleifen hinauf zur Plumsalm (1423 m). Im Osten, über dem breiten Plumssattel, wird es langsam hell – der Tag erwacht. Unwillkürlich beschleunigen wir unsere Schritte ein wenig, um ja rechtzeitig den Lebensspender unseres Planeten zu begrüßen. Die ersten Strahlen züngeln bereits an den Karwendelspitzen in unserem Rücken – und dann taucht der gleißende Energieball über dem Rofan auf. Seine Strahlen bescheren uns bald warme Ohren. Am Osthang des Satteljochs äst ein Hirschrudel, bewacht von einem stattlichen Zwölfender. In vier Monaten wird er sein Geweih abwerfen, um sich anschließend ein neues wachsen zu lassen. Gut vier Monate dauert es, bis die alte Pracht wiederhergestellt ist; in der Wachstumsphase sind

Erlebnis Karwendel: am Weg vom Plumssattel zum Kompar

Kompar (2011 m) und Grasbergsattel (1540 m)

Die aussichtsreiche Höhenwanderung lässt sich nach Westen fast beliebig weit ausdehnen. Für einen lohnenden Abstecher bietet sich der Kompar an (40 Min.). Eine längere Variante führt über die Kesselböden zum Grasbergsattel und dann auf bequemem Weg in Schleifen hinab zur Kreuzbrücke (992 m) an der Rißtalstraße (Bushalt), etwa 3 Std. 30 Min. zusätzlich, markiert.

die Geweihstangen von einer behaarten Haut, dem Bast, geschützt. Erst mitten im Sommer, im Juli, streifen die Tiere diese Haut ab.

Wir verlassen den Plumssattel (ca. 1660 m) und folgen dem sonnigen Höhenweg in Richtung Kompar (2011 m) – mitten hinein in ein großes Gämsenrevier. Die Tiere zeigen kaum Scheu vor den beiden Zweibeinern, sind eher neugierig. Am ganzen Grashang stehen sie, mal einzeln, dann wieder in kleinen Gruppen. Wir schauen zurück, freuen uns über diesen herrlichen Tag. Herbstzeit ist Wanderzeit. Und eine besonders schöne – ist der Abstieg ins Rißtal doch eine einzige Farbensymphonie: leuchtende Natur unter tiefblauem Himmel.

Aufstieg Vom Parkplatz an der Rißtalstraße (1120 m) folgt man der Sandpiste, die zunächst gegen die Mündung des Gramaigrabens ansteigt, dann nach links umknickt und an dem bewaldeten Hang ansteigt. Im Sulzgraben quert sie an einer Furt den Bergbach, dann folgen ein paar Schleifen zur Plumsalm (1423 m). In der Folge nimmt die Steigung ab; die Straße quert ein paar Gräben, die von der Bettlerkarspitze (2413 m) herabziehen, und peilt dann die offene Senke des Plumssattels (ca. 1660 m) an. Links, etwas unterhalb, steht die bewirtschaftete Plumsjochhütte (1630 m); im Osten zeigen sich die Rofangipfel.

Höhenweg/Abstieg An der Wasserscheide beginnt der schönste Wegabschnitt. Er führt mit freier Sicht auf die Karwendelketten im Südwesten sanft ansteigend durch die teilweise mit Latschen bewachsenen Sonnenhänge des Satteljochs hinüber in die namen-

Im Herbst weiden am Südhang des Satteljochs viele Gämsen.

Finales Bild der schönen Karwendel-Runde: der Große Ahornboden

lose Senke (ca. 1820 m) unter dem Kompar (2011 m). Hier beginnt der markierte Abstieg ins Tal: Stationen am Weg sind der Hoch-, Mitter- und Niederleger der Hasentalalm. Den Mitterleger (1563 m) versorgt eine Materialseilbahn, am Niederleger (ca. 1270 m) stößt man auf eine Straße. Sie quert den Hasentalbach nach rechts und zieht dann in bequemen Schleifen weiter bergab. Dabei geht der Blick durch das Rißtal bis Hinterriß; unmittelbar jenseits des Rißtals baut sich die Roßkopfspitze (2015 m) über der schroffen Roßwand auf, dahinter lugen die Falken (Turmfalk, 2200 m) ins Bild. Bei den Haglhütten (1077 m) stößt man auf die Talstraße. Auf ihr spaziert man anderthalb Kilometer weit zurück zum Parkplatz. Der Asphalthatscher wird durch die schönen Blicke auf den Großen Ahornboden versüßt – mit dem bunten Herbstlaub an den stattlichen Bergahornen besonders stimmungsvoll.

Bergwanderungen für Frühaufsteher

12 Rechelkopf (1330 m) und Sonntratn

Kontraste über der Isar

■ **Schwierigkeit:**
Leicht
■ **Gehzeit:**
Gesamt 5 Std. (Aufstieg 2 Std. 15 Min., Abstieg 1 Std. 45 Min., Rückweg 1 Std.)
■ **Höhenmeter:**
670 m
■ **Tourencharakter:**
Gipfel-, Höhen- und Aussichtswanderung mit finalem Straßenhatscher
■ **Orientierung:**
Problemlos
■ **Ausgangs-/Endpunkt:**
Wanderparkplatz an der Hochfilzen (677 m)
■ **Anfahrt:**
Von Bad Tölz über die Südumfahrung nach Gaißach (Abzweigung beim Eisstadion), dann an der Kinderklinik vorbei zum Ortsteil Mühle. Hier links und ostwärts um die Hochfilzen herum zum ausgeschilderten Wanderparkplatz
■ **Karte:**
AV-Karte 1:25 000, Blatt BY 13 Mangfallgebirge West
■ **Einkehr:**
Unterwegs keine, nur in Gaißach
■ **Infos:**
Tourist-Information, Max-Höfler-Platz 1, 83646 Bad Tölz; Tel. 08041/78 67-0, www.bad-toelz.de

Ein stimmungsvoller Sonnenaufgang am Rechelkopf, viel Fichtenforst, ein Ausguck über der Heckenlandschaft von Gaißach und ein Abstieg durch den Baumpark des Sonntratn – eine schöne Frühaufsteherwanderung im Isarwinkel.

Den Rechelkopf (1330 m) als herausragende Erhebung der Bayerischen Voralpen zu bezeichnen, wäre wohl (buchstäblich) zu hoch gegriffen. Sein Haupt ragt nur knapp aus dem Wald heraus, lediglich nach Nordosten hin zeigt er eine ausgedehnte Blöße: die Sigrizalm. Für uns ist der Wiesenfleck so etwas wie ein »Frühlingszeiger«. Wenn der Schnee hier weg ist, sagt Hildegard, ist auch der Winter vorbei. In diesem Jahr verabschiedete er sich sehr früh, zu unserer Freude, und so blühten bei unserer Sonnenaufgangstour im Unterholz die Sumpfdotterblumen sattgelb, da und dort standen Soldanellen. Erstere mögen es feucht, und so verwundert es nicht, dass der Weg von der Schwaigeralm herüber nach Regenfällen früher sehr matschig war. Das hat sich mittlerweile geändert, der Pfad wurde aufgekiest, teilweise sogar neu trassiert, an einigen Stellen mit Holzstufen stabilisiert. Und beim Anstieg zur Schwaigeralm brauchen sich Frühaufsteher diesbezüglich ohnehin keine Sorgen zu machen, verläuft er doch über eine komfortable Sandstraße. In gut einer Stunde steigt man im Schein der Stirnlampe über sieben weit ausholende Schleifen hinauf zu der Alm, wo es dann schon dämmert, und eine weitere Dreiviertelstunde später ist der Gipfel des Rechelkopfs erreicht.

Wir freuen uns über das stimmungsvolle, von der über dem östlichen Horizont auftauchenden Sonne zart erleuchtete Panorama, das weit hinaus ins flache Land reicht, aber auch tief hinein ins Gebirge.

Nach einer ausgedehnten Pause geht's zunächst zurück (zur Schwaigeralm) und dann weiter (zum Sonntratn). Eine überwiegend schat-

Schützenscheibe an der Schwaigeralm

Rechelkopf und Sonntratn

tige Wanderstunde: Fichten links wie rechts, eine Baumplantage, kaum Unterwuchs. Dafür beobachten wir einen Tannenhäher, der sich von Baum zu Baum schwingt. Tannen stehen hier höchstens ganz vereinzelt, doch das scheint ihn nicht zu stören.

Was für ein Kontrast dann, wenn man aus dem Fichtendunkel heraustritt auf den sonnigen Hang (= Sonntratn) und sich auf der Bank niederlässt. Wir nehmen die Einladung gerne an, ich habe Hunger (der Frühstücks-Joghurt ist längst verdaut) und mache mich deshalb über einen Energieriegel her. Zu unseren Füßen liegt die einzigartige (und denkmalgeschützte) Heckenlandschaft zwischen Gaißach und Lenggries, jenseits der Isar bauen sich ein paar beliebte Wanderberge auf: Zwiesel, Heiglkopf. Die zeigen eher sanfte Formen, ganz im Gegensatz zu den Karwendelketten im Süden.

Der Sonntratn gehört zu den beliebtesten kleinen Wanderzielen im Isarwinkel, seit die Gemeinde Gaißach den Weg von Grundern herauf saniert und markiert hat; manche nutzen ihn auch nach Feierabend als Trainingsstrecke. An Wochenenden ist hier viel Volk unterwegs, der Parkplatz an der Straße oft rappelvoll.

Wir sind allein zu zweit und entschließen uns, nicht den direkten Abstieg (Sonntratnsteig), sondern den in weiten Schleifen verlaufenden Sonntratnweg zu nehmen. Das hat seinen Grund, stehen an dem weitläufigen Hang doch einige grandiose Bäume: Eichen, Buchen, Linden, alte Fichten, Bergahorne, Tannen, Eschen, Kirschen. Nach der Wanderung durchs Fichteneinerlei ein Fest für Auge und Gemüt. Da wünscht man den prächtigen Unikaten gleich ein langes Leben – auch künftige Generationen sollen sich an ihnen erfreuen können. Falls ihnen der Sinn für Naturschönheiten bei all der virtuellen »Wirklichkeit« nicht schon abhandengekommen ist …

Aufstieg Der Aufstieg zur Schwaigeralm (1123 m) verläuft über die breite Sandstraße, die in weiten Ser-

Sonnenaufgang am Rechelkopf

Links: Die winzige Kapelle auf der Schwaigeralm

Rechts: Kirschblüte am Sonntratn

pentinen an der bewaldeten Nordwestflanke des Sulzkopfs ansteigt und dabei zweimal den seichten Rossgraben quert. Nach einem flacheren Wegabschnitt führt eine Schleife (kann auf einem steinigen Hohlweg abgekürzt werden) zu einer Wegkreuzung unmittelbar vor der Alm: links zur Almhütte, rechts zum Sonntratn, geradeaus zum Rechelkopf (Schilder). Der Fahrweg läuft rechts um die große Lichtung herum, steigt dann am Südhang des Sulzkopfs an. Über weite Strecken in dem oft matschigen Gelände ist eine Gehspur aufgekiest, da und dort sogar mit Treppenstufen versehen. An der Senke zwischen Sulz- und Rechelkopf geht's links kurz steil aufwärts, dann an dem Nordrücken zum Gipfel mit freier Sicht in alle Himmelsrichtungen.

Zum Sonntratn Der Weg führt zunächst zurück zur erwähnten Wegkreuzung bei der Schwaigeralm. Auf neu angelegtem Kiesweg geht's nördlich um das Schwarzköpfel (1140 m) herum und weitgehend ohne Aussicht am Bergrücken südwärts weiter zum Schürfenkopf (1096 m). Dahinter tritt man aus dem Wald heraus und findet gleich eine Sitzbank in schönster Aussichtslage über dem Isartal. Am südlichen Horizont grüßen die Karwendelgipfel, angeführt von der Birkkarspitze; jenseits der Isar steht das Brauneck (1555 m), der Lenggrieser Skiberg, von dem sich ein langer, felsiger Kamm über die Achselköpfe zur Benediktenwand zieht.

Abstieg/Rückweg Von der Aussichtsbank führt der Weg zunächst über ein paar kurze Kehren schräg an dem offenen Hang hinunter in eine Waldparzelle. An ihrem unteren Rand steht eine weitere Bank. In offenem Wiesengelände geht es weitere hundert Meter sanft abwärts, dann scharf links in eine breite Fahrspur. Sie läuft zunächst flach nach Osten, dann an dem Baumgarten des Sonntratn in weiten Schleifen talwärts und mündet schließlich beim Wanderparkplatz in eine Asphaltstraße. Man folgt ihr über die Häusergruppen Grundnern, Ober- und Unterreut sowie Moosen bis zur Abzweigung der Zufahrt nach Lehen (Wegweiser). Durch den Weiler geht es hindurch, dann geradeaus bis zum Bergfuß und links zurück zum Ausgangspunkt der Runde.

Morgenlicht über dem Karwendel, vom Sonntratn aus gesehen

Bergwanderungen für Frühaufsteher

13 Auf den Fockenstein (1564 m)

Ausguck zwischen Isarwinkel und Tegernsee

■ **Schwierigkeit:**
Mittel
■ **Gehzeit:**
4 Std. 30 Min. (Aufstieg 2 Std. 45 Min., Abstieg 1 Std. 45 Min.)
■ **Höhenmeter:**
760 m
■ **Tourencharakter:**
Gipfelüberschreitung mit leicht felsigem Finale
■ **Orientierung:**
Bis zur Neuhüttenalm Straßen und ein breiter Ziehweg, dann markierte Wege
■ **Ausgangs-/Endpunkt:**
Wanderparkplatz Sonnenbichl (ca. 830 m)
■ **Anfahrt:**
Von München nach Gmund am Tegernsee, dann auf der Ostuferstraße nach Bad Wiessee (750 m). Im Ortsteil Abwinkl, vor der Brücke über den Söllbach rechts und auf recht steiler Straße hinauf zum Sonnenbichl
■ **Karte:**
AV-Karte 1:25 000, Blatt BY 13 Mangfallgebirge West
■ **Einkehr:**
Aueralm, ganzjährig geöffnet; Tel. 08022/836 00, www.aueralm.de
■ **Infos:**
Tourist-Information, Adrian-Stoop-Straße 20, 83707 Bad Wiessee; Tel. 08022/860 30, www.bad-wiessee.de

Der Fockenstein gehört zu den beliebtesten Gipfelzielen in den Bayerischen Voralpen. Und weil Straßen bis hinauf in die Almen führen, ist er auch gut geeignet für jene Spezies von Gipfelstürmern, die den neuen Tag gerne ganz oben begrüßen.

Wer öfter so früh aufsteht, dass er schon oben ist, wenn die Sonne am Horizont erscheint, weiß natürlich, wie verschieden die Himmelsstimmungen sein können. Mal bombastisch, mit allerlei Wolkenwirbel als Garnitur, dann wieder eher fad. Manchmal verfärbt sich das Firmament im Osten zu einem unglaublich kitschigen Himbeerrot, manchmal flackert es gelb aus dem Dunkeln, Bergspitzen leuchten auf, während die Täler noch im Nachtschatten liegen, und Wolkenfetzen bekommen einen rosafarbenen Anstrich auf ihrer Unterseite. Jeder Tag beginnt halt anders, neu und wieder neu. Uns haben die Wetterfrösche eine klare Nacht versprochen, und dann ist der östliche Horizont um fünf in der Früh wolkenverhangen. Da hockst du dann neben dem Gipfelkreuz, während zu der Morgenkälte langsam auch die Einsicht in dich einsickert: Heute wird's wohl nichts.

Die Sonne ist dann doch noch gekommen, aber da waren wir bereits auf dem Weg ins Tal. Mit den wärmenden Strahlen taute auch unsere Stimmung wieder auf, wir parlierten über die drei prächtigen Hirsche, die sich unweit der Neuhüttenalm im Dämmerlicht am Waldrand zeigten. Tiere. »Im Söllbachtal«, sage ich, »nistet seit ein paar Jahren ein Adlerpaar.« Mit etwas Glück kann man den unbestrittenen König der Lüfte (*Aquila chrysaetos*) hier zu Gesicht bekommen. Vor hundert Jahren alpenweit fast ausgerottet, ist sein Bestand heute weitgehend gesichert. In den Bayerischen Alpen brüten aktuell rund 50 Paare; alle haben

Der Steinadler ist im Falkenhof Lenggries zuhause.

Auf den Fockenstein

ein Jagdrevier, das zwischen 30 und 100 Quadratkilometer groß ist. Auf dem Speisezettel stehen vorwiegend Füchse, Siebenschläfer, Auer- und Birkhühner, Hasen, aber auch Schlangen und im Winter vor allem Aas. In den Hochlagen der Bayerischen Alpen sind Murmeltiere die bevorzugte Beute. Adler leben monogam; die Jungen – sie schlüpfen in der Regel im Mai – werden gemeinsam betreut und ernährt. Nach einem Monat sind sie bereits in der Lage, die Beute selbst zu zerlegen. Im Sommer verlassen die Jungtiere ihren Horst, lernen fliegen und jagen.

Auch der Wanderfalke *(Falco peregrinus)* ist in den Bayerischen Alpen heimisch, zurzeit zählt man etwa 120 Brutpaare. Er bevorzugt als Nist- und Brutplätze Felsen in mittleren Höhenlagen. Mit einer Flügelspannweite von bis zu 1,20

Den Fockenstein kann man auch von Westen, aus dem Isartal, besteigen.

63

Metern wesentlich kleiner als der Adler, gilt er als der schnellste Vogel der Welt. Im Sturzflug soll er Geschwindigkeiten bis über 300 Stundenkilometer erreichen; verlässliche Radarmessungen ergaben allerdings deutlich niedrigere Werte. Seine Beutetiere sind fliegende Vögel (Stare, Tauben, Drosseln usw.).

An diesem Morgen sind die großen Greifer anderswo unterwegs. Dafür treffen wir beim Abstieg über die Waxlmoosalm die ersten Tageswanderer auf dem Weg zur Aueralm, die ihre Pforte um halb neun öffnen wird. Da sind wir bereits wieder drunten am Tegernsee. Und freuen uns auf einen Cappuccino und eine ofenfrische Brez'n.

Aufstieg Vom Parkplatz am Sonnenbichl (ca. 830 m) führt eine Sandstraße ins Tal des Zeiselbachs, zunächst fast flach, dann allmählich stärker ansteigend. An der Mündung des Grundneralmgrabens wird aus der Fahrspur ein Ziehweg, der erst links, dann rechts des Bachs kräftig ansteigt, zuletzt nach links abknickt und unterhalb der Aueralm (1271 m) in die aus dem Söllbachtal heraufkommende Straße mündet (Anstiegsvariante). Sie führt in sanftem Anstieg weiter zur Neuhüttenalm (1329 m). Eine steinige Spur leitet hinauf in die kleine Senke rechts des Neuhüttenecks (1408 m), dann diagonal durch die offene Südflanke des Fockensteins. Am Westrücken mündet der Lenggrieser Zustieg in den Weg, es geht weiter über einen flachen Buckel, dann hinüber zu einer Steilrinne, die von ein paar Felsen flankiert wird. Man durchsteigt sie und gewinnt in ein paar Minuten den Gipfel des Fockensteins (1564 m).

Das Panorama ist typisch für viele bayerische Voralpengipfel, reicht weit ins flache Land und beschert ein paar überraschende Fernblicke: nach Osten zu den Chiemgauer Alpen, südlich durch den Achensee-Graben auf die Tuxer Schneegipfel und südwest-

> **Adler-Wanderungen**
>
> Von Mai bis September finden in Bad Wiessee geführte Wanderungen zur Adler-Beobachtungsstelle bei der Luckengrabenalm statt. Treffpunkt ist beim Wanderparkplatz Söllbachklause; Verpflegung muss jeder Teilnehmer selbst mitbringen. Genauere Infos (Treffpunkt, Daten) bei der Tourist-Information Bad Wiessee, www.bad-wiessee.de.

lich zur Zugspitze. Über dem Isarwinkel stehen schön aufgereiht die Karwendelketten.

Abstieg Der Abstieg folgt dem schrofigen Ostgrat, führt bald in den Wald und mündet vor der Aueralm in die Zufahrt aus dem Söllbachtal. Man folgt ihr bis in eine namenlose Senke (1157 m), verlässt sie und geht am Kamm auf einem sanft ansteigenden Fahrweg weiter zur Waxlmoosalm (1185 m). Dahinter beginnt der Abstieg nach Bad Wiessee, stets an dem breiten, überwiegend bewaldeten Rücken entlang. Eine große Blöße mit vielen entwurzelten Fichten erinnert an stürmische Zeiten, die in Bayern vielen Flachwurzlern zum Verhängnis wurden. Der Weg ist abschnittweise ziemlich matschig, zuletzt im Bereich des Skihangs (Lift) sehr steil. Er mündet direkt auf den Parkplatz am Sonnenbichl, wo die Frühaufsteher-Wanderung endet.

Linke Seite: Das Felsenfenster unterhalb des Fockenstein-Gipfels – eine Verführung zum Kraxeln

Eine beliebte Einkehr: die Aueralm

Bergwanderungen für Frühaufsteher

14 Roß- und Buchstein (1701 m)
Zwillinge aus Stein

■ **Schwierigkeit:**
Mittel
■ **Gehzeit:**
5 Std. 30 Min. (Aufstieg 3 Std., Abstieg 2 Std. 30 Min.)
■ **Höhenmeter:**
870 m
■ **Tourencharakter:**
Bis zur Buchsteinhütte bequeme Sandstraße, dann recht steiniger Weg; am Abstieg unter dem Roßstein leichte gesicherte Passage (Alternative über den Altweibersteig); Buchstein (fakultativ) mit Kletterpassage (I-II, stark abgetretener Fels); insgesamt ein absoluter Wanderklassiker
■ **Orientierung:**
Problemlos auch im Dunkeln bis zur Buchsteinhütte, Weiterweg dann im Dämmerlicht (steinig, Wurzeln)
■ **Ausgangs-/Endpunkt:**
Parkplatz Winterstube (830 m) am Sträßchen ins Schwarzenbachtal
■ **Anfahrt:**
Zum Ausgangspunkt der Tour kommt man von München via Lenggries und den Achenpass oder über Rottach-Egern, vorbei am Tegernsee
■ **Karte:**
AV-Karte 1:25 000, Blatt BY 13 Mangfallgebirge West

Roß- und Buchstein: ein Bergstock mit zwei felsigen Gipfeln, beliebtes Kletterrevier und klassisches Tourenziel für einigermaßen trittfeste Wanderer. Und dass gleich zwei Hütten am Weg zu den beiden Zacken stehen, wissen auch Frühaufsteher zu schätzen.

Der kürzeste Weg auf die felsigen Zwillinge Roß- und Buchstein beginnt an der Achenpassstraße, führt über die Sonnbergalmen bis an den Felsfuß und dann hinauf zur Tegernseer Hütte. Früh-

Morgenstimmung am Roßstein. In der Bildmitte der Wendelstein, rechts das Gipfelkreuz am Buchstein

aufstehern ist eher der Anstieg hintenherum zu empfehlen – etwas länger, dafür weniger steil und bis zur Buchsteinhütte auf breiter, sandiger Unterlage. Bei Vollmond findet man so den Weg leicht, ist der Erdtrabant nicht zu sehen, hilft eine Stirnlampe. Oberhalb der Hütte führt der Weg aus dem Wald heraus, doch dann hat der Tag schon begonnen. Nach dem steinig-steilen Aufstieg zur Tegernseer Hütte ist es nur noch ein Katzensprung zum Gipfel des Roßsteins (1698 m).

Es piepst. Vernehmlich, mit steigernder Kadenz. Ein hässliches Geräusch. Und eine Botschaft, eine ganz eindeutige: Steh auf! Ich taste nach dem Lichtschalter, halte die Augen aber geschlossen. Langsam, sage ich mir, schwinge dann die Beine aus dem Bett und stehe auf. Hildegard murmelt etwas ins Kissen, während ihr linker Arm nach dem Verursacher der Piepserei tastet. Da bin ich schon unterwegs zur Kaffeemaschine, mache Licht im Wintergarten.

■ **Einkehr:**
Buchsteinhütte, ganzjährig geöffnet (Montag Ruhetag); Tel. 08029/244, www.buchsteinhuette.de. Tegernseer Hütte, zweites Wochenende im Mai bis erstes Wochenende im November geöffnet; Tel. 0175/411 58 13
■ **Infos:**
Tourist-Information, Nördliche Hauptstraße 3, 83708 Kreuth; Tel. 08029/18 19, www.kreuth.de

ten. Draußen ist es stockfinster, nicht einmal der Mond spendet etwas Second-hand-Licht. Dafür hängt die Milchstraße millionenfach funkelnd am Himmel: Das Wetter passt.

Das Frühstück ist kurz, eine schweigsame Angelegenheit auch. Zu früh, um richtig was zu essen – Kaffee und Joghurt reichen –, und viel zu früh für echte Gespräche. Da hocken wir beide, noch ziemlich verschlafen, ich blättere in der Zeitung von gestern und denke an den Sonnenaufgang von heute. 5.30 Uhr habe ich für München gelesen, und dann gerechnet. Eine halbe Stunde vom Piepsen, das den schönen Schlaf beendet hat, bis zum Gang in die Tiefgarage, eine Dreiviertelstunde Fahrt, zweieinhalb Stunden Aufstieg zum Roßstein. Optimistisch kalkuliert, aber ich schlafe halt gut und gern. Und oben allzu lange auf

Bike und Hike

Eine interessante Alternative zur beschriebenen Roß- und Buchsteintour eröffnet die (teilweise asphaltierte) zehn Kilometer lange Straße von Fleck (692 m) über die Röhrelmoosalm zur Roßsteinalm (1481 m). Mit dem Mountainbike bis zur Alm, dann per pedes südlich um den Roßstein herum zur Tegernseer Hütte und zum Gipfel, 2 Std. 30 Min. bis 3 Std.

das Erscheinen der Lichtgöttin warten will ich auch nicht. So treffen uns die ersten Sonnenstrahlen dann halt schon unterhalb der Tegernseer Hütte; die Kamera hält den Zeitpunkt fest, objektiv: 5.28 Uhr. Macht nichts, es ist dennoch ein richtig schöner Tag geworden.

Aufstieg Er beginnt – im Dunkeln sehr angenehm – auf der breiten Sandstraße, die von der Achenpassstraße nordwärts ins Tal des Schwarzenbachs führt. Orientierungsprobleme gibt's auch in der schwärzesten Nacht keine; man bleibt immer rechts des Wassers (der Wanderweg wechselt nach einem halben Kilometer auf die linke Talseite) bis zur Verzweigung kurz vor der ausgedehnten Waldlichtung der Schwarzentennalm (1014 m). Die Zufahrt zur Buchsteinhütte gewinnt in ein paar weiten Schleifen zügig an Höhe. Man verlässt sie an einer Rechtskurve (Schild) kurz vor der Einkehr und geht geradeaus. Der recht steinige Weg führt hinein in die licht bewaldete Talmulde und knickt dann nach Süden um. Rechts mündet der Zustieg von der Roßsteinalm ein; in steilem

Brotzeit mit Aussicht: auf der Terrasse der Tegernseer Hütte

Zickzack zwischen Latschengestrüpp geht's hinauf zur Tegernseer Hütte (1650 m). Man spaziert über die Terrasse und folgt dann dem breiten, aber recht steinigen Grat zum Gipfelkreuz des Roßsteins (1698 m). Die Aussicht – besonders stimmungsvoll am frühen Morgen – präsentiert sich als gelungene Mischung von nah, fern, grün und grau. Durch den Graben des Achensees reicht sie bis zum Olperer (3476 m) in den Tuxer Alpen. Nicht viel weiter als einen Steinwurf entfernt scheint der Buchstein (1701 m) und man schaut direkt in die steile Rinne, die ein paar Meter hinter der Hüttenterrasse ansetzt und zum breiten Gipfelrücken ausläuft. Dass da geklettert werden muss (Schwierigkeitsgrad I-II), ist auch nicht zu übersehen – also kein Terrain für Rotsockler!
Gut Trainierte, die sich in felsigem Gelände sicher zu bewegen wissen, schaffen den Aufstieg von der Hütte zum Gipfelkreuz leicht in weniger als einer Viertelstunde; wen in der Steilrinne ein mulmiges Gefühl beschleicht, der sollte nicht vergessen, dass er da auch wieder hinunter muss.

Unvergleichliche Lage unter dem schroffen Buchsteingipfel: die Tegernseer Hütte

Abstieg Er führt von der Tegernseer Hütte in die Südflanke des Roßsteins, steigt dann – mit Drahtseilen gesichert – über gestufte Felsen ab ins Flache. Links steht die schlanke Roßsteinnadel, ein beliebtes Kletterziel.

Der Weiterweg läuft um den Sonnberg herum zum Sonnbergalm-Hochleger (1498 m), dann schräg an dem bewaldeten Südhang bergab zum Niederleger (1150 m). Etwas tiefer quert man den (meist trockenen) Alpelgraben; anschließend geht's im Links-rechts-Takt hinunter zum Parkplatz an der Achenpassstraße. Jenseits der Weißach stößt man auf den Talweg, der zurückleitet zum Ausgangspunkt der schönen Frühaufstehertour.

15 In der Früh' auf den Hirschberg (1668 m)

Ein Hausberg der Münchner

Der Hirschberg ist ein lohnendes Ziel für alle Jahreszeiten – und auch für Frühaufsteher. Sie nehmen die von Scharling ausgehende Forststraße und gelangen so auch im Dunkeln ohne Orientierungsprobleme bis in Gipfelnähe.

- **Schwierigkeit:**
Mittel
- **Gehzeit:**
Gesamt 4 Std. 30 Min. (Aufstieg 2 Std. 45 Min., Abstieg 1 Std. 45 Min.)
- **Höhenmeter:**
900 m
- **Tourencharakter:**
Beliebte Tour, teilweise Sandstraßen, zum Gipfel hin etwas steinige Wege, Abstieg im Bereich der Skipiste sehr steil (Teleskopstöcke ratsam)
- **Orientierung:**
Problemlos, bis unter den Kratzer auf Sandstraße, dann markierte Wege
- **Ausgangs-/Endpunkt:**
Wanderparkplatz (765 m) an der Tegernseer Straße in Scharling
- **Anfahrt:**
Von München zum Tegernsee, via Bad Wiessee nach Scharling. Am nördlichen Ortsrand Parkplatz
- **Karte:**
AV-Karte 1:25 000, Blatt BY 13 Mangfallgebirge West
- **Einkehr:**
Hirschberghaus, ganzjährig geöffnet, November/Dezember und April teilweise geschlossen, Dienstag Ruhetag; Tel. 08029/465
- **Infos:**
Tourist-Information, Nördliche Hauptstraße 3, 83708 Kreuth; Tel. 08029/18 19, www.kreuth.de

Bereits auf der Fahrt zum Tegernsee ist es nicht zu übersehen, das breite, ebenmäßig gebaute Gipfeltrapez, das sich freistehend südlich über dem Voralpengewässer aufbaut. Der Hirschberg (1668 m) gilt als Tourenziel »für alle Fälle«, weil er praktisch das ganze Jahr über bestiegen werden kann, auch mit Skiern. Zwischen der Hirschlache und dem Hirschberghaus gibt es sogar einen Winterweg, der die bei Schneelage nicht ungefährliche Hangquerung unterhalb des Kratzers (1545 m) umgeht und den Vorgipfel im Zickzack direkt ansteuert. Den Rückweg ins Tal nehmen dann viele sitzend in Angriff: auf dem Schlitten.

Heute liegt im Mangfallgebirge garantiert kein Schnee. Es ist warm, die Wetterfrösche haben einen sonnigen Tag versprochen. Der Tegernsee hat angenehme Badetemperatur; vielleicht setzen wir uns nach der Tour irgendwo ans Ufer und lassen uns ein leckeres Eis schmecken.

Später. Noch ist es Nacht, stockfinster, nicht einmal der Mond zeigt sich, nur die Milchstraße schmückt das Firmament, milliardenfach glitzernd: Grüße aus absoluter Ferne. Entschieden näher ist der Parkplatz bei Scharling, rechts an der Tegernseer Straße. Ich biege ein, halte an. Das Motorengeräusch erstirbt, wir steigen aus. Es ist nicht kalt, gut zehn Grad vielleicht und praktisch windstill. Ich schultere den Rucksack, mache die Stirnlampe an. Ein Schild an der Straße gibt die Richtung vor: Hirschberghaus. Auf geht's!

Die Stille, das monotone Geräusch unserer Schritte auf dem Sand, das Schweigen des Waldes – da wachen die Gedanken auf, beginnen zu tanzen, fantasieren. Nur ein paar Kilometer über uns ist die Luft bereits zu dünn zum Atmen, herrschen jetzt Temperaturen von unter 100 Grad minus, in 350 Kilometer Höhe kreist die Internationale Raumstation ISS alle 91 Minuten einmal rund um unseren Planeten. Ich rechne nach, komme auf eine Geschwindig-

In der Früh' auf den Hirschberg

Sonnenaufgang am Kratzer, links der Tegernsee

keit von mehr als 25 000 Kilometern pro Stunde. Bei diesem Tempo würde ein Raumschiff in etwa 15 Stunden auf dem Mond ankommen, aber erst in über zwei Millionen Jahren auf Alpha Centauri, dem der Sonne nächstgelegenen Gestirn.
»Schau, Sternschnuppen!«, ruft Hildegard und weist nach oben. Tatsächlich, gerade verglüht über uns ein Schwarm in der Atmosphäre. Was für ein Schauspiel! Wir bleiben stehen, gebannt von dem kosmischen Feuerwerk. Kometen, Meteore, Boliden, Asteroiden – was da so alles im scheinbar leeren Weltraum unterwegs ist. Und gelegentlich – trotz der schützenden Lufthülle – recht unsanft auf der Erdoberfläche landet. Wie am 6. April 2002, als ein etwa 600 Kilogramm schwerer Meteorit über Bayern abstürzte, dabei zerbrach und in der Nähe von Neuschwanstein aufschlug.

Bergwanderungen für Frühaufsteher

Olaf-Gulbransson-Museum

Nach dem zweiten Frühstück am Tegernsee könnte man sich ja noch etwas Kultur gönnen – beispielsweise mit einem Besuch im Gulbransson-Museum. Es zeigt einen interessanten Querschnitt durch das Werk des norwegischen Karikaturisten (»Simplicissimus«) und Malers, der 1929 an den Tegernsee zog. Zu sehen sind auch weniger bekannte Ölgemälde und Landschaftszeichnungen. Das Museum im Tegernseer Kurgarten ist täglich außer Montag von 10–17 Uhr geöffnet.

Wir wandern weiter im Nachtdunkel, hängen unseren Gedanken nach, während die Lichtkegel unserer Stirnlampen helle Flecken auf den hart gepressten Sand der Straße zeichnen. Ich bücke mich, hebe eine Weinbergschnecke auf, die sich offensichtlich verlaufen hat, und setze sie ins feuchte Gras. Eine gute Stunde sind wir nun schon unterwegs, und ganz allmählich wird's hell im Osten, erlöschen die unfassbar fernen Lämpchen am Himmel. Noch etwa 400 Höhenmeter, dann sind wir oben am Kratzer, rechtzeitig zum Sonnenaufgang. Das wird ein schöner Tag.

Aufstieg Vom Parkplatz (765 m) führt der Hirschbergweg zwischen den Häusern von Leiten hindurch, dann bergan in den Wald. Über ein paar Schleifen gewinnt man zügig an Höhe; am Bolzeck tangiert die breite Fahrspur die Lichtung der Holzpointalm (1121 m); kurz nach einer markanten Rechtskehre zweigt links der alte Almweg ab (Hinweisschild). Er ist kürzer, aber auch steiler als die Straße, die über ein paar Kehren zum Kammrücken ansteigt und dann flach hinüberläuft zur Hirschlacke (1335 m) mit der Talstation der Hüttenseilbahn. Wenig höher kommt man aus dem Wald heraus, hier gabelt sich die Route: Links steigt der Winterweg im Zickzack an zur Gipfelkuppe des Kratzers (1545 m), rechts geht's über den abschüssigen Hang direkt zum schön gelegenen Hirschberghaus (1511 m). Dort hat man erstmals Blickverbindung mit dem Tourenziel. Genau südlich erhebt sich die Ost-

Links: Tegernsee und Alpenvorland vom Weg zum Hirschberghaus

Rechts: Sommerfrische für das Vieh auf der Rauheckalm

In der Früh' auf den Hirschberg

Unter dem Kratzer liegt das Hirschberghaus.

kuppe (1653 m) des Hirschbergs, die ein lang gestreckter, breiter Rücken mit dem Kreuz am höchsten Punkt verbindet. In einem weiten Rechtsbogen peilt der Steig den Hirschberggipfel (1668 m) an; zehn Gehminuten vom Hirschberghaus mündet links der Zustieg von Point ein. Das Panorama reicht bei entsprechendem Wetter vom Großglockner bis zur Zugspitze. Aus dem Gipfelmeer ragt markant der Guffert (2195 m) heraus, rechts flankiert vom Rofanmassiv. Über den Tegernsee geht der Blick weit hinaus ins Alpenvorland.

Abstieg Er führt vom Gipfel zunächst zurück zur bereits erwähnten Verzweigung. Hier biegt man in den etwas rauen Weg ein, der an einem Latschenhang zur hübsch gelegenen Rauheckalm (1480 m) führt. Eine Fahrspur zieht in Schleifen hinab in den Gschwendgraben, wo er auf eine Forstpiste stößt. Sie endet an einem Wende- und Holzablageplatz. Talwärts öffnet sich die breite Pistenschneise des Hirschberglifts. Auf steilem Weg geht's hinab nach Point (769 m), dann auf einem Sträßchen zurück zum Ausgangspunkt der Runde.

Bergwanderungen für Frühaufsteher

16　Sonnenaufgang am Brecherspitz (1683 m)

Kurzer Weg zur schönen Aussicht

- **Schwierigkeit:**
Mittel
- **Gehzeit:**
3 Std. (Aufstieg 1 Std. 45 Min., Abstieg 1 Std. 15 Min.)
- **Höhenmeter:**
540 m
- **Tourencharakter:**
Kurze Gipfeltour mit leicht felsigem Finale; vom Brecherspitz bemerkenswerte Aussicht, Tiefblicke auf Schliersee und Spitzingsee
- **Orientierung:**
Problemlos, bis zur Oberen Firstalm breite Sandpiste (Stirnlampe), dann teilweise etwas steiniger Weg
- **Ausgangs-/Endpunkt:**
Spitzingsattel (1127 m)
- **Anfahrt:**
Von München via Miesbach zum Schliersee, dann hinauf zum Spitzingsattel. Gebührenpflichtiger Parkplatz, für Tageswanderer auch Anreise mit der BOB und dem Linienbus möglich
- **Karte:**
AV-Karte 1:25 000, Blatt BY 15 Mangfallgebirge Mitte
- **Einkehr:**
Obere Firstalm, Spitzingsattel
- **Infos:**
Gäste-Information, Perfallstraße 4, 83727 Schliersee; Tel. 08026/60 65-0, www.schliersee.de

Die beiden »Wächter« des Spitzingsattels, Brecherspitz und Jägerkamp (1748 m), sind absolute Wanderklassiker. Der Brecherspitz eignet sich besonders gut für Frühaufsteher, führt bis zur Oberen Firstalm doch eine breite Sandstraße.

Arthur hat Hunger, ich auch und Mona sowieso. Es ist gerade acht Uhr vorbei, ein milder Sommermorgen. Schliersee döst noch ein wenig vor sich hin, kaum Verkehr auf der Hauptstraße, der Postler allerdings ist schon unterwegs.

Sonnenaufgang am Brecherspitz, Blick auf Breitenstein und Wendelstein

Sonnenaufgang am Brecherspitz

»Da«, sagt Hildegard, »eine Bäckerei, ein Café.« Ich blinke, biege ein auf den Parkplatz, wir steigen aus. Vor dem Haus stehen drei Tische, Backstubengerüche steigen in unsere Nasen. Ein paar Minuten später sitzen wir zu viert in der Sonne, Hildegard befreit sich aus ihrer Jacke. Arthur genießt seinen Cappuccino mit Zwetschgendatschi, ich beiße in meine frische Wurstsemmel.

»Tut gut«, erkläre ich völlig überflüssigerweise. Schließlich sind wir seit gut fünf Stunden auf, Tagwacht war um 2.45 Uhr. Fast hätte ich verpennt, mit einer kleinen Verspätung sind wir dann doch noch losgekommen. Eine Stunde Fahrt zum Schliersee, wo gerade eine Party zu Ende ist, Eltern ihre Kids abholen, Taxis unterwegs sind. An der Straße zum Spitzingsattel sind wir dann wieder allein, der Parkplatz oben ist

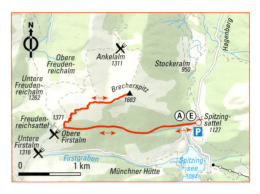

Es ist kühl. Warten auf den ersten Sonnenstrahl am Brecherspitz ...

Der Schliersee mit seinem Inselchen in der Morgendämmerung

noch leer – das wird sich im Lauf des Sonntags garantiert ändern. Es ist der 1. August, fällt mir ein, da werden in meiner alten Heimat Fahnen geschwungen, Reden gehalten; man fühlt sich für einen Tag wie ein »einig Volk fürs Vaterland«. Wir vier sind ein winziges Völkchen, und scheinbar ganz allein auf der Welt, wie wir den Weg zur Oberen Firstalm unter die Füße nehmen. Der Sand knirscht vernehmlich, aber das mag daran liegen, dass es sonst mucksmäuschenstill ist. Ein paar Jäger dürften unterwegs sein im Wald, aber sie werden sich hüten, Lärm zu machen, genauso wie ihre potenziellen Opfer.

Wir palavern ein wenig, stören die paradiesische Ruhe. Pfeifen tut niemand, trotz der schwarzen Bäume links und rechts der Sandpiste, auf der die Lichter unserer Stirnlampen tanzen. Über uns demonstrieren tausend Sterne, wie klein die Erde und wie groß das Universum ist. Mona, die seit Langem das erste Mal wieder so früh am Berg unterwegs ist, meint, dass es ihr gefällt hier, lacht dann und hängt sich bei Arthur ein. Hildegard hat eine Weinbergschnecke entdeckt, die zu dieser Nachtzeit garantiert nicht mit so einem Verkehr gerechnet hat, hebt sie auf und setzt sie ins Gras.

Über uns zwitschert es kurz – da ist jemand aufgewacht. Am Osthimmel weicht die Schwärze einem dunklen Grau, dafür verlöschen die kleinen Lichter allmählich. So beginnt ein Tag, wenn man rechtzeitig aus den Federn kommt. Ein Bergtag. Wir lassen die Obere Firstalm links liegen und steigen über den Grashang hinauf gegen den Südgrat des Brecherspitz. In unserem Rücken steht die Bodenschneid, ein dunkler, breiter Rücken, ganz weit im Norden strahlt der Himmel. Von unten, denn da liegt München, und eine Weltstadt kennt – ganz im Gegensatz zu unserem Berg – keine Nacht. Und auch keine Stille, keine Ruhe. Was für ein Organismus, denke ich, ein milliardenfach verästeltes System, das, wie unser Körper, nie ganz zum Stillstand kommt.

Die kleine Felspassage am Grat meistern wir bei noch recht schwachem Licht souverän; das Gipfelkreuz ist nun schon nahe und damit unser Frühmorgenziel fast erreicht.

»Hallo!« Wir sind nicht allein, da hatten vier junge Leute offensichtlich die gleiche Idee: Sonnenaufgang am Brecherspitz, 1683 Meter über dem Meeresspiegel, 906 Meter über jenem des Schliersees. Der liegt wie ein bleierner Spiegel zu unseren Füßen, mit seinem Inselchen mittendrin. Bis zum Aufgang der Sonne dauert es noch eine Weile. Um 5.45 Uhr soll sie über München erscheinen; wir hocken uns hin, trinken einen Schluck und schauen zu, wie der Osten rot wird, bis schließlich der Feuerball über dem Schweinsberg auftaucht. Gerade noch hat es mich ein wenig gefröstelt, jetzt ist es aber nicht die kühle Luft, die mir eine leichte Gänsehaut verschafft, sondern das immer wieder grandiose Schauspiel des großen Theaters. Fasziniert schauen wir zu, wie Felswände bemalt werden, Schattendunkel sich hinab in die Täler verzieht, flache Silhouetten sich auflösen, Kontur und Gestalt bekommen.

Der Aufstieg Die Gipfelwanderung beginnt am Spitzingsattel (1127 m) mit dem gemütlichen Anstieg zur Oberen Firstalm (1369 m). Man nimmt dabei – logisch – die obere der beiden am Pass abgehenden Straßen (die andere führt zur Unteren Firstalm). Auf der breiten Sandpiste wird niemand vom Weg abkommen, auch nicht im Dunkeln. Knapp vor der beliebten Einkehr, die ihre Pforten allerdings erst um 10 Uhr öffnet (also nichts für richtige Frühaufsteher), weist ein Schild rechts zum Brecherspitz. Aus der offenen Wiesensenke des Freudenreichsattels (1371 m) führt ein von Erosionsschäden gezeichneter Weg im Zickzack zunächst nahe am Waldrand, dann über freie Grashänge bergan zum Grat. Der überrascht bald mit einer felsigen Passage (Drahtseil), die absteigend zu meistern ist. Nach dieser »Schlüsselstelle«, die sich selbst bei schwachem Morgenlicht als nicht schwierig erweist, folgt man der Spur, die zwischen den Latschen an dem nun wieder breiteren Gipfelgrat ansteigt. Ein paar leichte Schrofen noch, dann ist das Kreuz am Brecherspitz (1683 m) erreicht.

Der Abstieg Er erfolgt normalerweise über den Anstiegsweg. Alternativ kann man auch über die Ankelalm (1311 m) nach Neuhaus absteigen, gut 2 Std. Zurück zum Spitzingsattel dann mit dem RVO-Bus.

Markus Wasmeiers Bauernhof- und Wintersportmuseum

Ein beliebtes Ausflugsziel am Schliersee ist das Freiluftmuseum des Ski-Olympiasiegers Markus Wasmeier. Es verführt zu einer interessanten Zeitreise, zeigt das »Landleben, wie es einst war«. Auf dem Gelände am Brunnbichl sind vier alte Höfe aus der Region wieder aufgebaut worden: der urkundlich um 1200 erstmals erwähnte Riederhof aus Geitau, der Lukashof aus Finsterwald (um 1500), der Hof Beim Wofen von 1734, in dem die Museumsgaststätte eingerichtet ist, und seit Kurzem der Behamhof, dazu das Handwerkerhaus. Auf dem weitläufigen Gelände grasen Bergschafe und Rinder, scharren die Hennen und summen die Bienen; es werden alte Getreidesorten angebaut, im Garten wachsen Küchenkräuter und im Nebengebäude des Wofen wird Bier wie vor 300 Jahren gebraut. Das Museum liegt nur ein paar Gehminuten vom Bahnhof Fischhausen/Neuhaus der BOB; geöffnet ist es von Anfang April bis Anfang November von 9–17 Uhr.

17 Frühmorgens auf die Rotwand (1884 m)

Ein Klassiker

Die Rotwand ist ein echter Hit, auch für Frühaufsteher, die im Dunkeln bloß der Straße zum Rotwandhaus zu folgen brauchen. Und nach dem Sonnenaufgang am Gipfel nimmt man den Rückweg durch die malerische Pfannklamm.

■ **Schwierigkeit:**
Leicht
■ **Gehzeit:**
Gesamt 5 Std. 30 Min. (Aufstieg 2 Std. 30 Min., Abstieg 3 Std.)
■ **Höhenmeter:**
950 m
■ **Tourencharakter:**
Anstieg bis zum Rotwandhaus auf einer Straße, zum Gipfel guter Weg, Abstieg bis zur Kümpflalm steinig, im Pfanngraben schöner Almweg, zuletzt Sandstraße; Rückweg zum Spitzingsee auf Asphalt
■ **Orientierung:**
Problemlos, alles gut markiert, Straße zum Rotwandhaus
■ **Ausgangs-/Endpunkt:**
Spitzing (1090 m), großer Parkplatz an der Kirche
■ **Anfahrt:**
Von Schliersee über den Spitzingsattel (1127 m) zum Spitzingsee bzw. Valepp bzw. der Waitzingeralm und Spitzing verkehrt ein RVO-Bus, auch morgens (Fahrplan im Internet)
■ **Karte:**
AV-Karte 1:25 000, Blatt BY 15 Mangfallgebirge Mitte
■ **Einkehr:**
Rotwandhaus, ganzjährig geöffnet, Tel. 08026/76 83, www.rotwandhaus.de
■ **Infos:**
Gäste-Information, Perfallstraße 4, 83727 Schliersee; Tel. 08026/606 50, www.schliersee.de

Die Rotwand (1884 m) gehört zu den Top-Wanderzielen in den Bayerischen Voralpen. Das Gipfelpanorama ist allererste Klasse, und die Taubenstein-Seilbahn reduziert den Zugang auf einen ausgedehnten Bergspaziergang. Ganz wichtig für Ausflügler: 150 Meter unter dem Gipfelkreuz steht das Rotwandhaus. Daran gehen nur die wenigsten vorbei, auch wenn der moderate Gipfelsturm nicht unbedingt hungrig macht. An Wochenenden führte das gelegentlich dazu, dass die Küche an den Rand ihrer Kapazität geriet, sich das benützte Geschirr in der Gaststube stapelte und es hieß: »Kaiserschmarrn ist aus!« So etwas soll in Zukunft nicht mehr vorkommen, und deshalb werden zurzeit Küche und Schlaftrakt umgebaut. Den neuen Komfort können all jene auskosten, die in dem 1906 erbauten Haus übernachten. Manch einer wird dann schauen, dass er früh genug aus den Federn kommt, um 20 Minuten später die Sonne oben am kreuzgeschmückten Gipfel der Rotwand begrüßen zu können.

Doch was heißt da früh? Wir wollen auch zum Sonnenaufgang oben sein, und deshalb gibt mein Wecker bereits um 2 Uhr Laut. Das Geräusch reißt mich abrupt aus den schönsten Träumen. Brummend verlasse ich das wohlig-warme Federnest und mache mich daran, den Auszug zu organisieren. Das klappt wie am Schnürchen, die Übung macht's. Geredet wird wenig, die Kaffeemaschine trägt das Ihre zur Belebung bei, und der Joghurt vertreibt das Leeregefühl in der Magengegend wenigstens ein bisschen.

Eine Stunde später schnüren wir unsere Schuhe auf dem Parkplatz an der Kirche von Spitzing. Gut zwei Stunden, so meine Kalkulation, werden wir brauchen bis zum Gipfel, zur großartigen Aussicht. Die hat vor bald hundert Jahren Edward Harrison Compton, Sohn des berühmten Alpenmalers Edward Theodor

Eine Überraschung: die vielen Wasserkaskaden im Pfanngraben, am Abstieg vom Rotwandhaus

Compton, festgehalten. Viel alpine Prominenz findet sich in diesem Panorama. Natürlich fehlen weder Großglockner (3798 m) noch Großvenediger (3660 m), die beiden Hauptgipfel der Hohen Tauern; ziemlich genau im Süden bilden die Firngipfel der Zillertaler Alpen eine vielfach gebrochene weiße Linie: Großer Löffler (3379 m), Großer Möseler (3480 m), Hochfeiler (3509 m), Olperer (3476 m). Nicht ganz so hoch, dafür ein gutes Stück näher sind die Ketten des Karwendels, und weiter nach Westen hin reicht ein weiterer Gipfel knapp an die 3000er-Höhenmarke heran: die Zugspitze (2962 m), Deutschlands Höchster.

Sie alle tauchen nach und nach aus dem Dämmergrau auf; Gletscherweiß gleißt im Licht der Morgensonne, Felsen leuchten rötlich auf, während das Tal der Roten Valepp noch tief im Schatten

liegt. Ein paar Nebelfetzen steigen vom Soinsee auf, bleiben an den Ruchenköpfen hängen, lösen sich auf. Kein Mensch weit und breit, dafür recht viel Verkehr am Himmel. Da fliegen sie – manche, weil das Fernweh sie hinaustreibt. Wir sitzen am Gipfel der Rotwand und können uns nichts Schöneres vorstellen.

»Erinnerst du dich noch an Bruno?«, frage ich. Hildegard nickt – natürlich. Vor fünf Jahren war's, als der Braunbär mit der amtlichen Bezeichnung JJ1 den Freistaat besuchte, zunächst von der Politik herzlich begrüßt. Das Tier wurde, aus Tirol kommend, erstmals am 20. Mai 2006 im Landkreis Garmisch-Partenkirchen gesichtet. Er zeigte sich wenig scheu, dafür stets recht hungrig, was ihn bald zum »Problembären« werden ließ. Versuche, das Tier einzufangen, misslangen, obwohl man dafür eigens ein paar finnische Bärenjäger eingeflogen hatte. Schließlich kam es zum Abschuss. Nachdem Wanderer Bruno am Vortag noch beim Bad im Soinsee beobachtet hatten, entdeckten ihn Jäger vor Sonnenaufgang bei der Kümpflalm. Am 26. Juni, um 4.30 Uhr, endete das Leben des Braunbären, der es ganz nebenbei zum Medienstar gebracht hatte. Heute kann man ihn beim Ausrauben eines Bienenstocks sehen, ausgestopft im Münchner Museum »Mensch und Natur«. Da befindet er sich in guter Gesellschaft: Auch jener Bär, der 1835 als letzter für 170 Jahre in Deutschland bei Bayrischzell erlegt wurde, ist postum im Museum gelandet …

Hildegard genießt das erste Sonnenlicht am Gipfel.

»Da unten«, sage ich und deute in die Geländemulde links des Rotwandhauses, »haben's den Bruno erschossen. Auf der Kümpflalm. Beim Abstieg kommen wir da vorbei.«

Der führt uns von der Alm hinab in den Pfanngraben, und das ist dann ein wirklich gelungener Ausklang der Rotwandtour: Wasserspiele in der bezaubernden Klamm, smaragdgrüne Gumpen, die uns – wenn's nur etwas wärmer gewesen wäre – bestimmt zu einem kleinen Bad animiert hätten …

Aufstieg Vom Parkplatz an der Kirche von Spitzing (1090 m) spaziert man zunächst zum Abfluss des Spitzingsees.

Frühmorgens auf die Rotwand

Morgenstund' an der Rotwand mit Blick zum Kaisergebirge

Die Schranke an der Valeppstraße hält tagsüber motorisierte Ausflügler zurück; Wanderer umgehen sie und biegen gut 50 Meter weiter in die Straße zum Rotwandhaus ein. Sie steigt an der bewaldeten Südwestflanke des Schwarzkopfs an, gabelt sich dann bei einer Bergwachthütte (ca. 1220 m). Rechts geht's weiter bergan, erst im Wald, dann über ein paar Kehren zur Wildfeldalm (1607 m) und zuletzt flacher zu dem schon sichtbaren Rotwandhaus (1737 m). Zum Gipfel sind es dann noch 150 Höhenmeter auf bequemem Weg, zuletzt mit einer ganz kleinen Felsstufe.

Abstieg Vom Gipfel geht es zurück Richtung Rotwandhaus, in der kleinen Senke davor links und auf steinigem Weg kurz bergab in die Kümpflscharte (1695 m). Hier hält man sich rechts (Wegweiser) und folgt dem Weg (rutschig bei Nässe) hinunter zur Kümpflalm (1502 m), dann in den Wald. Links zweigt der Weg zum Elendsattel ab, geradeaus geht's über Kehren weiter abwärts in den Pfanngraben. Auf dem schön angelegten alten Almweg wandert man neben der idyllischen Klamm mit ihren Wasserfällen und Badegumpen hinaus zur Waitzingeralm (940 m) an der Straße Valepp – Spitzing. Zum Schluss geht es mit dem Bus oder per pedes auf der Asphaltunterlage zurück zum Spitzingsee.

Bergwanderungen für Frühaufsteher

18

Auf den Breitenstein (1622 m)

Wetterlaunen am Morgengipfel

- **Schwierigkeit:**
Mittel
- **Gehzeit:**
Gesamt 4 Std. (Aufstieg 2 Std. 30 Min., Abstieg 1 Std. 30 Min.)
- **Höhenmeter:**
770 m
- **Tourencharakter:**
Gipfeltour mit felsigem Intermezzo am Aufstiegsweg; bei Nässe teilweise rutschige Wege
- **Orientierung:**
Problemlos, bis über die Kesselalm hinaus Sandstraße, dann Bergwege, zuletzt wieder Fahrweg
- **Ausgangs-/Endpunkt:**
Wanderparkplatz Birkenstein (ca. 850 m)
- **Anfahrt:**
Nach Fischbachau kommt man von München via Miesbach bzw. Schliersee. In der Ortsmitte rechts und gut einen Kilometer bis zum Wanderparkplatz Birkenstein
- **Karte:**
AV-Karte 1:25 000, Blatt BY 16 Mangfallgebirge Ost
- **Einkehr:**
Kesselalm, ganzjährig geöffnet; Tel. 08028/26 02, www.kesselalm.de. Hubertushütte, Mai bis Allerheiligen geöffnet, Montag/Dienstag Ruhetag. Bucheralm, im Sommer einfach bewirtschaftet
- **Infos:**
Tourismusbüro, Kirchplatz 10, 83730 Fischbachau; Tel. 08028/876, www.fischbachau.de

Neben der stolzen Felspyramide des Wendelsteins wirkt der Breitenstein – nomen est omen – eher unscheinbar. Das ändert allerdings nichts daran, dass er ein lohnendes Gipfelziel ist – auch für Frühaufsteher.

Der Wetterbericht hört sich an wie die Prognosen der Fußball-Auguren vor der neuen Saison: Alles wird gut und der FC Bayern Meister. Wir gehen zeitig schlafen, um einigermaßen ausgeruht den breiten Nachbarn des Wendelsteins anzusteuern. Am Parkplatz bei Birkenstein, es ist noch stockdunkel, fällt mir auf, dass keine Sterne zu sehen sind. Natürlich gehen wir trotzdem los, auf der Sandstraße, die sich hinaufschlängelt zur Kesselalm und die bei der Materialseilbahn zur Hubertushütte endet. Da fängt es leise an zu regnen, nur ein bisschen, gerade so, als möchte uns der Himmel sagen, dass es heute mit dem Sonnenaufgang nichts

Auf den Breitenstein

wird. Unsere Stimmung passt sich den eher trüben Aussichten an – umkehren? Nein, trotzig beschleunigen wir das Gehtempo. Irgendwo in den Bergen rumpelt es leise, Wetterleuchten flackert auf. Es wird heller, wir machen die Stirnlampen aus. Im Osten verfärbt sich der Himmel rot, schwarze Wolkenschleier untermalen den ankommenden Tag.

Dann sind wir oben, am Gipfelkreuz, gerade rechtzeitig: Der Vorhang geht auf. Als gleißender, gelbrandiger Pilz steigt die Sonne aus dem Chiemsee, während über uns düstere Wolkenschleier ziehen. Dazwischen schimmert Himmelsblau, am Hohen Miesing leuchtet ein Regenbogen. Mich fröstelt es, aber nicht etwa, weil's kalt wäre. Was für ein Schauspiel! Ein Tag, der beginnt wie Richard Strauss' Zarathustra – mit einem Paukenschlag.

Solche Sensationen hat der Abstieg nicht zu bieten. Er verläuft zwar über die Westflanke, doch das Breitensteiner Fensterl ist dabei nicht zu sehen. Zum kreuzgeschmückten Felsenfenster gelangt man nur über Insiderpfade. Dafür hat Fisch-

Sonne und Wolken frühmorgens über dem Chiemsee

Linke Seite: Morgensonne auf dem Nebengipfel des Breitensteins

Was für eine Aussicht! Chiemgauer Alpen, Berchtesgadener Alpen und Loferer Steinberge vom Breitenstein aus.

bachau (772 m) drei Sehenswürdigkeiten zu bieten, die für jeden problemlos zugänglich sind: das Wallfahrtskirchlein von Birkenstein mit seinem prunkvollen Rokokoschmuck und einer mittelalterlichen Marienstatue; weiter die Pfarrkirche St. Martin, im Kern eine romanische Basilika, um 1100 errichtet, im 18. Jahrhundert prachtvoll im Stil der Zeit ausgestattet; und dann ist da natürlich noch das Winklstüberl, ein richtiges Tortenparadies, wie man sogar in München weiß. Der riesige Parkplatz ist an Wochenenden deshalb mitunter so voll wie jener in der Eng …

Aufstieg Beim Wanderparkplatz Birkenstein (ca. 850 m) nimmt man das halb links abgehende Sträßchen (gelbe Wegweiser), das in Schleifen an dem bewaldeten Hang ansteigt und dabei den Sattelbach überquert. Nach knapp einer halben Stunde gabelt es sich. Links geht's zur Bucheralm. Die Kesselalmstraße quert ein zweites Mal den Bach, läuft dann weiter kräftig ansteigend auf einen steilen Graben zu. Über ein Dutzend Kehren steigt sie hinauf zur schön gelegenen Kesselalm (1280 m). Sie bleibt links liegen. Die Fahrspur führt, weiter Höhe gewinnend, in die Senke (1350 m) zwischen dem Breitenstein und dem Schweinsberg (1514 m) mit der Talstation der Materialseilbahn zur Hubertushütte. Hier zweigt links der Gipfelweg ab. Er umgeht einen licht bewaldeten Mugel westseitig und steuert dann den fast hundert Meter hohen Felsriegel dahinter an. Im Zickzack geht's steil bergauf. Ein sicherer Tritt ist bei dem steinigen Untergrund von Vorteil. An der Hubertushütte (1542 m) ist man aus dem Steilgelände heraus und das Gipfelkreuz kommt ins Blickfeld. Über ein paar Wegschleifen gewinnt der Weg den höchsten Punkt mit stimmungsvoller Rundschau – vor allem früh am Tag. Mächtiger Nachbar im Südosten ist der berühmte Wendelstein (1838 m; siehe Tour 19) mit seinem »Kopfschmuck«, im Norden reicht der Blick weit hinaus ins flache Land. Fern im Süden zeigen sich die Firngipfel des Zillertaler Hauptkamms, im Westen ist die Zugspitze, Deutschlands Höchster, auszumachen. Interessant ist auch der Blick auf die Gipfel des Mangfallgebirges, von denen sich einige als lohnende Frühaufsteherziele anbieten: das Hintere Sonnwendjoch (1986 m), der Hochmiesing (1883 m), der sich genau vor der Rotwand (1884 m; siehe Tour 17) erhebt, weiter im Uhrzeigersinn Aiplspitz (1749 m) und Brecherspitz (1683 m; siehe Tour 16).

Abstieg Einkehr oder Nebengipfel? Für manche stellt sich diese Frage nicht – die Aussicht auf eine Halbe in der Hubertushütte ist zu verführerisch. Man kann aber auch, Wegspuren folgend, das Kreuz am Westgipfel, dem Bockstein (1575 m), ansteuern und dann über steinige Wiesen zu dem markierten Weg absteigen, der von der Hütte herüberkommt. Er führt über einen Wiesenhang hinab in den Wald und läuft dann hinunter zur Bucheralm (1240 m), die Straßenanschluss hat. Wanderer brauchen aber nicht der breiten Sandpiste zu folgen, ein etwas sparsam markierter Waldweg kürzt dessen weite Schleifen ab. Am Marbacher Berg stößt man auf den Anstiegsweg. Auf ihm geht's zurück zum Wanderparkplatz Birkenstein.

Der Farrenpoint (1273 m)

Seine Alpenrandlage macht den Farrenpoint zu einem lohnenden Guck-ins-Land mit Aussicht ins Flache und auf die Gipfelketten des Mangfallgebirges sowie der Chiemgauer Alpen. Für Frühaufsteher bietet sich der (Straßen-)Zustieg vom Weiler Kutterling (560 m) an: etwa 2 Std. 30 Min. bis zum Gipfel. Knapp darunter liegt die im Sommer einfach bewirtschaftete Huberalm.

Unter dem Gipfel des Breitensteins steht die kleine Hubertushütte.

Bergwanderungen für Frühaufsteher

19 Bergesruh' am Wendelstein (1838 m)

Bevor die erste Bahn fährt: eine Sonnenaufgangstour

- **Schwierigkeit:**
Leicht
- **Gehzeit:**
Gesamt 4 Std. 45 Min. (Aufstieg 3 Std., Abstieg 1 Std. 45 Min.)
- **Höhenmeter:**
850 m
- **Tourencharakter:**
Abwechslungsreiche Gipfelüberschreitung, teilweise Asphalt, aber auch recht raue Bergwege
- **Orientierung:**
Problemlos, bis zur Lacheralm Asphaltstraße, dann markierte Wege
- **Ausgangs-/Endpunkt:**
Parkplatz an der Deutschen Alpenstraße, 1 km östlich der Sudelfeld-Scheitelhöhe auf der Bergseite
- **Anfahrt:**
Zum Sudelfeld kommt man von Bayrischzell, Oberau und Brannenburg über die Deutsche Alpenstraße
- **Karte:**
AV-Karte 1:25 000, Blatt BY 16 Mangfallgebirge Ost
- **Einkehr:**
Wendelsteinhaus, während der Betriebszeiten der Bergbahnen geöffnet
- **Infos:**
Tourist-Info, Kirchplatz 2, 83735 Bayrischzell; Tel. 08023/648, www.bayrischzell.de

Er ist ein schöner Gipfel, keine Frage, trotz all der Zu- und Anbauten, zweier Bahnen und eines Observatoriums ganz oben. Und ein Berg, den man sogar für sich allein haben kann – ganz früh am Morgen.

Die Terrasse ist gut besetzt, es duftet nach Schweinsbraten und Pommes, auf den Tischen stehen leere und halb volle Weißbiergläser, über manchen Bäuchen spannt sich das Hemd. Sonnenstudiobräune kontrastiert mit Pickelblässe, Handytöne und Kindergeschrei sorgen für akustische Akzente. Hunderte Ausflügler sind auf dem Gipfelweg unterwegs, und auch das Wendelsteinkirchlein (in dem man sogar heiraten kann) will besichtigt werden. Es wird fleißig geknipst, die Liebste vor dem schönen Panorama, und gerade kommt die nächste Seilbahn an, öffnet sich die Schiebetür.

Ein Sommersonntag am Wendelstein. Gute Geschäfte für die Bahnen und das Restaurant; am Kiosk gibt's neben Kitsch auch Eis am Stiel. Ein paar Wanderer mit Rucksack und Stöcken wirken leicht verloren in der Menge, sie riechen nach dem dreistündigen Aufstieg auch garantiert nicht mehr so frisch wie das Pärchen – er mit Lederjacke und Elvistolle, sie im feschen Mini –, das auf der Terrasse turtelt.

Es geht auch anders. 5.15 Uhr sagt die Digitalanzeige meiner Kamera, und gerade steigt die Sonne als gleißender Ball über dem Chiemsee in den rötlich gefärbten Himmel, sich im Wasser spiegelnd – ein großartiges Bild. Ich muss daran denken, wie viel Energie dieser 150 Millionen Kilometer entfernte Le-

Das Kirchlein auf dem Wendelstein

Schwer verbaut: der Gipfel des Wendelsteins

bensspender in den Weltraum feuert und wie wenig davon die Erde trifft. Und dass ein paar Sonnenstrahlen gerade meine Haut und meine Seele wärmen.

Es ist still, nur ein paar Vögel pfeifen den Tag herbei. In den Felsen des Lacherspitzes stehen Gämsen, eine hat sogar den Gipfel erklommen und beobachtet uns von hoher Warte. Am südöstlichen Horizont prunken leuchtendweiß Glockner und Venediger, über dem tiefen Einschnitt des Ursprungpasses – genau südlich – zeigen sich fern die Firngipfel des Zillertaler Hauptkamms. Fast zum Greifen nah ist dagegen der Wendelstein (1838 m), arg verbaut zwar, aber trotzdem (meiner persönlichen Meinung nach) ein schöner Berg. Eine Stunde später stehen wir oben auf der Gipfelterrasse, allein zu zweit, und genießen das zu Recht berühmte Panorama.

Wer als erster Mensch auf dem Gipfel des Wen-

Die Wendelstein-Zahnradbahn

Mit der modernen Seilschwebebahn gelangt man in wenigen Minuten hinauf zum Wendelsteinhaus. Ungleich mehr Fahrgenuss bietet allerdings die altehrwürdige Zahnradbahn, die 2012 ihr Hundertjähriges feiern darf. Rund 800 Arbeiter, überwiegend aus Kroatien und Dalmatien, sprengten und schaufelten die zehn Kilometer lange Trasse aus dem Fels. Projektleiter war der Kommerzialrat Otto von Steinbeis. Am 25. Mai 1912 nahm die Bahn ihren Betrieb auf. Exakt 37 772 Personen »bestiegen« bereits im ersten Jahr den schönen Berg. Später geriet die älteste Zahnradbahn Deutschlands wiederholt in finanzielle Turbulenzen, doch mittlerweile ist die Fahrt zu einem sehr beliebten Nostalgietrip geworden – in die gute alte Zeit!

delsteins stand, ist so ungewiss wie die Bedeutung des Namens. Philipp Apian, Herausgeber der ersten bayerischen Landkarte, wusste bereits 1570 von Besteigungen zu berichten. Zwei Jahrhunderte später pries Lorenz von Westenrieder die Aussicht in romantisierendem Überschwang: »Auf dem Rücken der Gebirge des Tyrols und der Schweiz, voll Licht und Schnee steigen wieder Berge empor und empor noch höher, und immer höher Alpen auf Alpen. Herrlich, herrlich!«

Es muss ihm gefallen haben auf dem Wendelstein, auch wenn der Ausflug nicht ohne Nachwirkungen blieb, schrieb er doch, dass ihm am nächsten Tag bei der Wanderung auf einen kleinen Hügel »zum Erbrechen übel« geworden sei.

So richtig populär wurde die Wendelstein-Tour durch königliche Weihen. Maximilian II. bestieg ihn anlässlich seiner großen Voralpentour 1858. Das war für Bayrischzell ein Festtag, und der Lehrer Hager dichtete und komponierte auch gleich Passendes:

»Glaubt mir, daß ih oft moa,
über mein Wendlstoa
geht koa anderer Platz,
er ist mein höchster Schatz.
Dort ist da Kini z'Haus,
schaugt wohl in d'Berg oft naus,
sollt amal kemme rei',
wur eham net z'wider sei!«

Aufstieg Der Weg zur großartigen Aussicht beginnt auf Asphalt. Man folgt der Deutschen Alpenstraße rund 500 Meter weit bergab. Jenseits der Brücke über den Auerbach zweigt links spitzwinklig ein geteertes Sträßchen ab (Hinweisschild »Soinhütte«). Es zieht in ein paar Schleifen über die Schweinsteigeralm (1167 m) an der weitgehend offenen Südflanke des Tagweidkopfs bergan. Hinter der Lacheralm endet der Fahrweg (1460 m) und die Route gabelt sich. Die linke Pfadspur führt – erst nur mäßig, dann stärker ansteigend und ziemlich steinig – in die Karmulde unter dem Lacherspitz (1724 m), knickt dann nach rechts ab und gewinnt über einen Wiesenhang den Verbindungskamm zur Seewand und zum kreuzgeschmückten Wildalpjoch (1720 m). Hier bietet sich ein erster Blick auf den Chiemsee und zum Wendelstein.

Der Weiterweg führt unter der Kesselwand (1721 m) abwärts und hinüber in die Zeller Scharte (1611 m). Auf recht steilem Weg gewinnt man dann die Höhe des Wendelsteinhauses. Dahinter beginnt der Gipfelrundweg: genau 100 Höhenmeter im Zickzack, mit zwei kurzen Tunnels und längeren Stiegen.

Abstieg Der komfortable Gipfelrundweg führt über den Nordrücken abwärts (Abzweigung an der letzten Serpentine), biegt nach ein paar Kehren nach Osten um und quert die Felsabstürze hinüber zur Bahnstation bzw. zum Wendelsteinhaus. Knapp zuvor zweigt links der Weg in die Zeller Scharte ab. Aus dem Grateinschnitt folgt man kurz der breiten, aus den Felsen der Kesselwand gesprengten Trasse, verlässt sie dann nach rechts und steigt über steinige Wiesenhänge ab zu den Wendelsteiner Almen (1420 m). Hier folgt man dem Hinweis »Sudelfeld«. Der schmale Bergweg schneidet, allmählich an Höhe verlierend, die Südwestflanke des Tagweidkopfs (1634 m). Im Rücken des bewaldeten Mitterberges (1283 m) stößt man auf die Straße zur Lacheralm. Rund 300 Meter weiter zweigt rechts eine nur spärlich markierte Spur ab. Sie führt direkt hinunter zum Parkplatz an der Deutschen Alpenstraße.

Inntal, Brünnstein, Wilder Kaiser und Tauerneis vom Anstieg zum Wendelstein

Bergwanderungen für Frühaufsteher

20 Auf das Hintere Sonnwendjoch (1986 m)

Das »Dach« des Mangfallgebirges

■ **Schwierigkeit:**
Leicht
■ **Gehzeit:**
Gesamt 3 Std. 30 Min. (Aufstieg 2 Std., Abstieg 1 Std. 30 Min.)
■ **Höhenmeter:**
650 m
■ **Tourencharakter:**
Gipfelwanderung mit recht steilem Finale, größere Abschnitte auf Straßen; fantastisches Panorama vom Hinteren Sonnwendjoch
■ **Orientierung:**
Problemlos
■ **Ausgangs-/Endpunkt:**
Ackernalm (ca. 1330 m)
■ **Anfahrt:**
Von Schliersee nach Bayrischzell, dann rechts Richtung Thiersee. Hinter dem Ursprungpass zweigt rechts die Straße zur Ackernalm ab. Kassenautomat mit Schranke (4 Euro)
■ **Karte:**
AV-Karte 1:25 000, Blatt BY 15 Mangfallgebirge Mitte
■ **Einkehr:**
Ackernalm, Mai bis Oktober geöffnet; Tel. +43/664/4150580
■ **Infos:**
Tourismusverband Ferienland Kufstein, Unterer Stadtplatz 8, 6330 Kufstein; Tel. +43/5372/62207, www.kufstein.com

Der höchste Gipfel des Mangfallgebirges ist ein beliebtes Wanderziel: kurzer Anstieg zum großartigen Panorama, die erste Weghälfte auf Almstraßen. Ideal also auch für Frühaufsteher – und jene, die sich in Sonnenuntergänge verliebt haben.

Sonnwend: Kein Tag ist länger, keine Nacht kürzer als am 21. Juni. Zu keinem Zeitpunkt steht die Sonne in unseren Breitengraden höher, nie spendet sie mehr Licht. Das ist schon unseren Vorfahren

Beim Anstieg zum Hinteren Sonnwendjoch ist der Guffert Blickfang.

Auf das Hintere Sonnwendjoch

aufgefallen, und weil sie genau wussten, dass Licht alles Leben auf unserer Erde beflügelt, der eigentliche »Treibstoff« unserer Existenz ist, feierten sie diesen Tag. Bis heute haben sich diese Sonnwendfeiern – in der katholisch verbrämten Variante Herz-Jesu-Feuer – gehalten: ein heidnisch-alpiner Sonnenkult.

Die Sonne scheint auch heute, an diesem 21. Juni, und wir sind – wie passend – auf dem Weg zum Hinteren Sonnwendjoch (1986 m). Das steht auf Tiroler Boden, knapp südlich der Grenze zu Bayern, und markiert den höchsten Punkt des gesamten Mangfallgebirges: fast schon ein Zweitausender. Entsprechend weit reicht das Panorama, und die schönsten, auch die größten Gipfel darin stehen aufgereiht am südlichen Horizont, vom Ankogel (3252 m) bis zum Olperer (3486 m): nicht weniger als 80 Dreitausender, eine vielfach gebrochene weiße Linie unter dem blauen Himmel. Um die Parade von Glockner & Co. abzunehmen, lohnt es sich allemal, die rund 650 Höhenmeter aufzusteigen. Dabei ist natürlich eines besonders wichtig: gute Fernsicht. Die ist frühmorgens in aller Regel besser, vor allem im Hochsommer. Manchmal putzt auch eine Gewitterfront den Himmel blitzblank. Heute herrscht »Mittelwetter« – nicht so schön wie erhofft, aber besser als noch vor zweieinhalb Stunden befürchtet. Da regnete es in Bayrischzell, und die düstere Wolkenmauer im Süden versprach nichts Gutes. Umkehren? Nein, vielleicht … An der Ackernalm – der Straßenasphalt glänzte noch feucht – wurde die Hoffnung zur Gewissheit: Sonne und viel Himmelsblau im Westen.

Jetzt sitzen wir oben am großen Kreuz des Hinteren Sonnwendjochs (1986 m), genießen den Blick zum Venediger, schauen hinüber zum Wilden Kaiser,

Schaukäserei Ackernalm

Auf der Ackernalm wird gekäst – und man kann sogar zuschauen, wie ein feiner Bergkäse entsteht. Den Rohstoff dazu liefern die über 300 Milchkühe, die auf den Almen am Hinteren Sonnwendjoch und am Veitsberg gesömmert werden. Die Schaukäserei ist von Mai bis Oktober täglich geöffnet. Verkauf im Ladenstüberl; Tel. +43/676/425 63 63.

der sich als mächtige Felsfront im Licht des Spätnachmittags sonnt. Links vom Wallberg – unverkennbar mit seinem flachen Gipfeldach, schimmert ein kleiner weißer Fleck: ein Zipfelchen des Starnberger Sees.

Ja, heute sind wir mal nicht schon vor den Hühnern, sondern zu einer ganz normalen Zeit aufgestanden. Keine Eile, gemütliches Frühstück, alle News in der SZ gelesen, ein bisschen geplaudert. Erst nachmittags um vier Uhr ging es dann los. Und jetzt sitzen wir oben am Gipfel, es ist ein richtiger Sommertag, beim Aufstieg über den Südhang des mächtigen Bergstocks haben wir ganz ordentlich geschwitzt. Die Sonne steht tief im Westen: eine Sonnenuntergangstour als letzte in diesem kleinen Buch für Frühaufsteher.

»Was magst du lieber«, frage ich, »den Sonnenaufgang oder den Abend?«

»Ausschlafen und dann den Sonnenaufgang gucken«, meint Hildegard, doch eine Zeitmaschine habe ich leider nicht im Gepäck. Wir sinnieren ein bisschen, denken an Weckergeräusche, bombastische Stimmungen, zarte Farben und müde Knochen. Aber eigentlich sind wir uns einig: In den Tag hineinwandern, aus der kühlen, dunklen Nacht ins Licht – das ist schöner, positiver irgendwie auch. Hildegard zieht sich eine Jacke über; ein leichter Wind ist aufgekommen, da wird es rasch kühler. Eine Wolkenwand zieht heran, ich mache noch ein paar Bilder, um – wieder einmal – einen schönen Augenblick zu konservieren. Dann beginnen wir den Abstieg. Kein Mensch weit und breit, dafür viele Gämsen in der offenen Bergflanke, die wenig Scheu zeigen. Die Abendschatten kriechen aus den Tälern herauf, in einer Stunde wird es dunkel sein. So dunkel, wie jeweils am Start zu unseren spannenden Frühaufsteher-Wanderungen.

PS: Die Sonnwendjoch-Tour ist natürlich auch eine wunderbare Frühmorgentour. Wir werden das demnächst ausprobieren.

Aufstieg Der gut markierte Gipfelanstieg beginnt am Parkplatz (ca. 1330 m) auf der Ackernalm, führt auf Asphaltunterlage zunächst in zwei Schleifen durch das Almdörfchen, vorbei an der Schaukäserei und der etwas höher gelegenen Ka-

Wald und Wiesen an der Südflanke des Hinteren Sonnwendjochs

Auf das Hintere Sonnwendjoch

Bayerische Voralpenketten, von links: Halserspitz, Schinder, Benediktenwand, Risserkogel, Wallberg

pelle, dann weiter ansteigend hinaus in die Südwestflanke des Bergstocks. Bei der Steinkaseralm (1522 m) gabelt sich die Straße. Der rechte Ast erschließt die Frommalm. Man folgt ihr bis unter den Burgstein, verlässt die breite Fahrspur dann nach links (Tafeln) und steigt auf dem markierten Weg, zunächst über einen Grashang, dann zwischen Latschen, auf zu dem Felsriegel. Dahinter kreuzt man den Höhenweg, der quer durch die Südflanke des Hinteren Sonnwendjochs verläuft und die Bärenbadalm mit der Wildenkaralm verbindet. Nun geht es links über den steinigen Hang aufwärts zu einer weiteren Verzweigung (Tafeln), dann rechts zum nahen Gipfelkreuz und zur großartigen Aussicht.

Abstieg Er führt zunächst kurz zurück zur beschilderten Weggabelung. Hier biegt man auf den Steig ein, der rechts hinunterläuft zu dem bereits erwähnten Höhenweg. Dieser führt durch eine Hangmulde weiter bergab, quert dann zur Bärenbadalm und steigt schließlich hinunter zur Asphaltstraße. Auf ihr spaziert man mit Aussicht auf die Nordabstürze des Veitsbergs (1787 m) zurück zur Ackernalm.

Orts- und Sachregister

Ackernalm 90ff.
Adler-Wanderungen 64
Alpenpark Karwendel 42, 46, 50, 54
Apian, Philipp 88
Aueralm 62, 64

Barth, Hermann von 43f.
Benediktbeuern 6
Benediktenwand 35, 41
Binsalm 50, 52f.
Birkenstein 82, 84f.
Birkkarspitze 6, 35, 43, 53, 60
Brauneck 38ff.
Brauneckhaus 38
Brauneck-Seilbahn 38
Brecherspitz 74, 77
Breitenstein 82ff.
Bruno (JJ1) 80
Bucheralm 82, 85
Buchstein 66, 69
Buchsteinhütte 66ff.

Compton, Edward Harrison 76

Dämmerung 10
Deutsche Alpenstraße 86, 88f.
Dibona, Angelo 47
Drijaggenalm 52f.

Eng 48, 50ff.
Engalm 52f.
Esterbergalm 20f.

Falkenhütte 42, 44f., 48
Farrenpoint 85
Fischbachau 82, 84
Fleck 68
Fockenstein 62, 64f.
Franz-Marc-Museum 24
Freudenreichsattel 77

Ganghofer, Ludwig 7

Gaugg, Toni 26
Gießenbach 30
Gießenbachtal 32f.
Glentleiten, Freilichtmuseum 7
Gramaialm 51
Grasbergsattel 56
Großer Ahornboden 57
Grundern 61

Haglhütten 57
Herzogstand 22ff.
Herzogstandhaus 23ff.
Hinteres Sonnwendjoch 90ff.
Hirschberg 70, 73
Hirschberghaus 70, 72
Hirschbrunft 54f.
Hohljoch 48, 50
Hubertushütte 82, 84

Infozentrum Karwendel 26
Isar 27f., 32

Jachenau 34, 36
Jennerwein, Georg 7f.
Jochberg 34ff.
Jocher Alm 34, 37
Johannestal 43f., 48

Kesselalm 82, 84
Kesselberg 23
Kleiner Ahornboden 42ff.
Kochelsee 35
Kompar 54, 56
Kotalm 36f.
Kratzer 72
Kümpflalm 80

Lacheralm 88f.
Ladizalm 44f.
Laliderer Spitze 43, 47
Laliderer Tal 46ff.
Laliderer Wand 42, 46ff.
Lalidersalm 49

Lamsenjochhütte 50ff.
Lamsenspitze 51f.
Lange Filze 17
Lenggrieser Vinothek 41

Maximilian II. 7, 23f., 88
Mensch und Natur (Museum) 80
Miller, Oskar von 7
Mühlberg-Sessellift 32f.
Murnau 14f.
Murnauer Moos 14ff.

Naturparkhaus Hinterriß 52
Neuhüttenalm 62, 64

Oberbrunnalm 30, 32
Obere Firstalm 74, 76f.
Olaf-Gulbransson-Museum 72
Östliches Lamsenjoch 53

Pfanngraben 80f.
Pleisenhütte 26ff.
Pleisenspitze 28
Plumsalm 55, 57
Plumsjochhütte 54, 56
Plumssattel 54, 56
Point 73

Ramsachkirche 16
Rauheckalm 73
Rebitsch, Hias 43, 47ff.
Rechelkopf 58ff.
Rißtal 49, 54
Roßstein 66f.
Roßsteinalm 68
Roßsteinnadel 69
Rotwand 78ff.
Rotwandhaus 78, 81

Satteljoch 56
Scharling 70
Scharnitz 26, 32

Schaukäserei Ackernalm 91
Schwaigeralm 58f.
Seidl, Gabriel von 7
Soinsee 80
Söllbachtal 62
Sonnbergalm 69
Sonnenaufgang 10
Sonnenbichl 62, 64f.
Sonntratn 58ff.
Spielissjoch 44
Spitzing 78, 80
Spitzingsattel 74f., 77
Spitzingsee 80f.
Steinadler 62f.
Steinkaseralm 93
Sudelfeld 86

Taubenstein-Seilbahn 78
Tegernsee 6
Tegernseer Hütte 66ff.
Thoma, Ludwig 7

Vorderkarhöhle 26

Waitzingeralm 81
Walchensee 24, 36
Wanderfalke 63
Wank 18ff.
Wankhaus 18, 21
Wank-Seilbahn 21
Wasmeiers Bauernhof- und Wintersportmuseum 77
Wendelstein 86ff.
Wendelsteiner Almen 89
Wendelsteinhaus 86, 89
Wendelstein-Zahnradbahn 88
Westliches Lamsenjoch 51
Winterstube 66

Zäunlkopf 30ff.
Zeller Scharte 88

Ebenfalls erhältlich...

ISBN 978-3-7658-4264-1

ISBN 978-3-7658-4240-5

Wohin an einem richtig heißen Hochsommertag wandern? Der neue Wanderführer »Wandern, wenn die Sonne brennt« stellt Ihnen dazu herrliche und hitzetaugliche Tourenziele vor. Artenreiche Mischwälder spenden Ihnen angenehme Kühle. Es geht entlang sprudelnder Bäche, zu erfrischenden Seen mit Bademöglichkeit. Mit möglichst nordseitigen Anstiegen, schöner Aussicht und duftenden Bergwiesen. Genau das Richtige, um auch an sehr heißen Tagen mit der ganzen Familie aktiv zu sein.

Neue Tourenvorschläge braucht das Wandervolk! Zu einem tollen Preis-Leistungsverhältnis erhalten Sie 55 neue Tourenvorschläge abseits der teilweise überlaufenen Hauptwege. Hier können Sie die Schönheit der Berge in Ruhe genießen und erreichen dabei sowohl bekannte als auch bislang unbemerkt gebliebene Gipfel. Jede Tour ist auf einer Tourenkarte genau beschrieben und um wichtige Informationen zur Tour sowie zahlreiche Geheimtipps ergänzt.

www.j-berg-verlag.de

Impressum

Produktmanagement: Kerstin Thiele
Lektorat: Christian Schneider, München
Layout: Eva-Maria Klaffenböck, grafikatelier-luk, München
Kartografie: Heike Boschmann, Computerkartografie Carrle, München
Repro: Cromica s.a.s., Verona
Herstellung: Anna Katavic
Printed in Italy by Printer Trento S.r.l.

Alle Angaben dieses Werkes wurden von dem Autor sorgfältig recherchiert und auf den aktuellen Stand gebracht sowie vom Verlag geprüft. Für die Richtigkeit der Angaben kann jedoch keine Haftung übernommen werden.
Für Hinweise und Anregungen sind wir jederzeit dankbar. Bitte richten Sie diese direkt an den Autor:
Eugen E. Hüsler
Ostener Straße 5
83623 Dietramszell
eugen.huesler@t-online.de

Bildnachweis: Alle Fotos vom Autor
Umschlagvorderseite: Blick vom Breitenstein auf den kreuzgeschmückten Nebengipfel (Tour 18)
Umschlagrückseite: Bank mit Panoramablick: Zugspitze und Loisachtal vom Wank (Tour 2)

Die Deutsche Nationalbibliothek verzeichnet diese Publikation in der Deutschen Nationalbibliografie; detaillierte bibliografische Daten sind im Internet über http://dnb.d-nb.de abrufbar.

© 2011 J. Berg Verlag in der Bruckmann Verlag GmbH, München
ISBN 978-3-86246-017-5